わかりやすい
消費者行動論

黒田 重雄
金　成洙　編著

東京 白桃書房 神田

はしがき

　わが国においては，かねてより景気対策，規制緩和，財政政策，企業の活性化などいずれの重大な経済・経営問題にも消費者意識や行動の動向が基本的に重要な要素として考えられてきている。

　その上に，今日，「消費」とか「消費者」とかの言葉が，一段とマスコミなどでも登場するようになっている。具体的には，日本全体の経済政策面で消費税増税や社会保障のあり方でクローズアップしているし，個別の分野でも消費に関わる問題が噴出している。食品不正問題が後を絶たないし，インターネットや携帯電話の普及によって高齢者や若者の間にのっぴきならない数多くの問題が引き起こされている。そして何と言っても，東日本大震災と福島第一原子力発電所の事故以降，消費者は変わったとか，変わらないとかの議論も熱を帯びている状況にある。

　現代は，わが国の人々にとって，これからの日常生活をどう過ごしていくかを考えると非常に悩ましいと言わざるを得ないのであるが，消費者とか消費者行動についてしっかりした認識を持つと同時に，一人ひとりが消費者の意識や行動をしっかり捉えて対応することが今日ほど重要になっているときはない，という認識が欠かせないのである。

　しかしながら，これまでのところ，これらの言葉の定義はかならずしもは明確になっているとはいえない状況にある。

　つまり，消費者行動論は，人文社会系の大部分の学問分野の中心テーマである。そこでは少なからず重要な研究成果も提出されている。ところが，「消費」とか「消費者」の定義は，各学問では一致していないのである。

　にもかかわらず，これらの言葉が一人歩きしている感は否めない。つまり，消費者意識や行動の変化について同じ土俵で議論しようとすると，どうしてもかみ合わない部分が出てきてしまうということである。たとえば，「東日本大震災の後，消費者は変わったのか」という点について，ある研究者は非常に変わったと言うし，ある経営者は何も変わっていないので今まで通りの

戦略で行く，といった具合である。

このように，筆者たちのこれまでの経験や経験から，身近とされる「消費」とか「消費者」とかいう言葉については一般には（研究者も含めて）合意されていない（十分理解されていない）面もあるということを薄々感じていたこともあり，一度整理し直してみたいと考えるようになっていた。

また，学生たちにとっては，消費とか消費者とかは身近な言葉であっても「消費者行動論」となるとなかなか難しいと感じているらしいと日頃考えていたこともある。

こうして本書を出版する運びとなったわけであるが，できるかぎり筆者たちの意図するところを分かりやすく解説するという意味を込めて，表題を『わかりやすい消費者行動論』としている。

特に，学生には「消費者行動論」の多面的な見方を知ってもらうように配慮したつもりである。こうして，「消費者行動」を包括的かつ理論的・実証的に検討してみようというのが本書のねらいということになる。

本書は，9章構成で，それを3部（基礎編，応用理論編，事例編）に分けている。各章のテーマと担当者は以下の通りである。

第Ⅰ部　基礎編
  1　消費者行動とは（黒田重雄）
  2　消費者行動へのアプローチ方法（黒田重雄）
  3　消費者行動とリサーチ（遠藤雄一）
第Ⅱ部　応用理論編
  4　消費者行動とサービス（金 成洙）
  5　消費者行動と環境配慮（加藤敏文）
  6　消費者の類型化分析（黒田重雄）
第Ⅲ部　事例編
  7　消費者行動と文化―韓流の事例―（金 成洙）
  8　ベッドタウンに住む高齢者の購買行動（遠藤雄一）
  9　韓・中国小売店の顧客満足とサービス品質―Eマートの事例―（金 成洙）

((　)内は執筆担当者)

　執筆者たちは，日本商業学会や日本商店街学会をはじめ，筆者等が中心となって作った北方マーケティング研究会などで頻繁に会って学生向けテキストの構想を練ってきた。

　経営学部や商学部の学生が「何故に消費者行動を勉強するのか」は，ある意味で非常に大きなテーマである。筆者等一人ひとりも書いているうち，浅学非才の身で無謀な挑戦を試みてしまったことに後悔の念を抱くようにもなっている。

　とにかく，本書をもって上記の課題である「何故に消費者行動を学ぶのか」に対する筆者等の答えとしたいと考えているが，大方の叱正を頂戴できれば望外の喜びである。

　本書を公刊するに当たっては，大勢の方々にお世話になっている。いちいちお名前は挙げないがまずもってお礼を申し上げたい。ただ，日頃よりご教示を頂戴し今回の出版の労もお取り頂いた専修大学の田口冬樹教授にはお名前を記して謝意を表しておきたい。しかし，内容の誤謬については筆者等に帰せられるものであることはいうまでもない。

　最後に，本書を出版するにあたり白桃書房の大矢栄一郎社長にはひとかたならずお世話になった。心から感謝する次第である。

平成25年4月

　　　　　　　　　　　　　　　　　　　　　　編著者
　　　　　　　　　　　　　　　　　　　　　　　黒田　重雄
　　　　　　　　　　　　　　　　　　　　　　　金　　成洙

目次 Contents

はしがき

第Ⅰ部 基礎編

第1章 消費者行動とは …………………………………… 3

1 消費と消費者とは ………………………………………… 4
  (1) 消費とは／5
  (2) 消費者とは／7
  (3) 消費者行動とは／9

2 なぜ，人は消費するのか ………………………………… 10
  (1) 欲望―「欲望という名の電車」―／10
  (2) 欲望と欲求と必要性／11
  (3) マズローの「欲求の5段階説」／12
  (4) 欲望の本質とは／13

3 いま，消費者をめぐって何が起こっているのか ………… 15
  (1) 家計消費支出から実態を垣間見る／15
  (2) 暮らしと消費者問題／16

4 消費にまつわる現象をどう考えればよいのか …………… 18
  (1) 消費不況の中身とは／18
  (2) 現代では「選択肢過多（Choice Overload）」が起こっている／19
  (3) 買い物という行為を簡便に済まそうとする面も強い（「消費者の囲い込み」）／20

第2章　消費者行動へのアプローチ方法 ……………………… 25

1. 消費者行動を捉える場面はどこか：消費行動と購買行動 …… 26
2. 消費者へのアプローチ方法にはどのようなものがあるか …… 27
   - (1) ブラック・ボックス・アプローチ（black-box approach）／27
   - (2) 行動科学的アプローチ（behavioral-systems approach）／29
3. 各学問分野における代表的消費者行動論 ………………………… 31
   - (1) 人文社会系の学問では「消費者行動」が中心テーマ／31
   - (2) 各学問分野における消費者行動に対するモデル・ビルディングの考え方／31
4. これからの消費者行動に対する理論形成の方向性 ……………… 49

第3章　消費者行動とリサーチ ……………………………… 53

1. リサーチについて ………………………………………………… 54
2. 調査の手順 ………………………………………………………… 55
3. 調査方法とデータ収集 …………………………………………… 58
   - (1) 標本対象者への調査方法／58
   - (2) 質問票の形式／59
   - (3) 調査対象の決定／61
4. データ解析の方法 ………………………………………………… 65
   - (1) データの種類／65
   - (2) 統計的分析の手法／66
5. 消費者行動と調査手法 …………………………………………… 71

第Ⅱ部
応用理論編

第4章　消費者行動とサービス ……………………………… 75

1 消費者とサービス ……………………………………………………… 76

(1) 消費者とサービスの理解／76
(2) サービスの定義と特性／78
(3) サービスの分類／80

2 顧客満足とサービス品質 ……………………………………………… 80

(1) 顧客満足／80
(2) サービス品質／82

3 サービス・マーケティングのフレームワーク ……………………… 84

(1) サービス・マーケティングの基本フレームワーク／84
(2) サービス・マーケティングの新しい7C's／86

4 新しいサービス視点の登場 …………………………………………… 91

(1) サービス・ドミナント・ロジックの意義／91
(2) 企業と顧客との新たな関係／93

第5章　消費者行動と環境配慮 …………………………… 97

1 はじめに ………………………………………………………………… 98

2 環境配慮な消費者の理解 ……………………………………………… 100

(1) 環境配慮製品と消費者／100
(2) 統合アプローチ／101
(3) 社会心理学的アプローチ／103
(4) 解釈学的アプローチ／105
(5) 認知心理学的アプローチ／106

3 環境配慮な消費者行動の影響要因 …………………………………… 107

(1) 環境影響要因／107
(2) 個人的要因／109

4 環境配慮な消費者行動の分析 ………………………………………… 112

(1) 要因連関によるエコロジー行動モデル／112
(2) ワグナーの知識―経験概念による行動モデル／115

5 おわりに ………………………………………………………………… 121

第6章　消費者の類型化分析 ……… 127

1　市場における地域特性の重要性 ……… 128
（1）消費者集団という捉え方／128
（2）比較することの重要性／130

2　「市場細分化」とはどういうことか ……… 132
（1）市場細分化要因と基準変数／133
（2）市場セグメントの充足条件／134
（3）市場細分化とマーケティング戦略／135

3　エリア・マーケティングと比較マーケティング ……… 136
（1）エリア・マーケティング／136
（2）比較マーケティングと国際市場化戦略／137
（3）実際に類型化分析を進める考え方／142

4　比較マーケティングにおける今後の研究課題 ……… 146

第Ⅲ部
事　例　編

第7章　消費者行動と文化―韓流の事例― ……… 151

1　「韓流」について ……… 152

2　先行研究 ……… 154

3　消費者行動モデル ……… 158
（1）ハワードとシェスモデル／158
（2）ベットマンモデル／160
（3）ホーキンスとマザーズバーモデル／162

4　文化とグローバル・マーケティング ……… 165
（1）文化／165
（2）グローバル・マーケティング／169

5　まとめ ……………………………………………………… 171

第8章　ベッドタウンに住む高齢者の購買行動 ……… 175

　1　調査の概要 ………………………………………………… 176
　2　調査対象地区の特徴 ……………………………………… 176
　3　調査・分析の手法 ………………………………………… 178
　4　調査・分析の結果 ………………………………………… 182
　　（1）年齢分布の確認／182
　　（2）3地区の購買行動の因子分析／183
　5　高齢者の購買行動に関する一考察 ……………………… 189

第9章　韓・中国小売店の顧客満足とサービス品質
　　　　　―Eマートの事例― ……………………………… 193

　1　東アジアと韓国 …………………………………………… 194
　2　先行研究 …………………………………………………… 195
　　（1）標準化―適応化戦略―／195
　　（2）顧客満足／197
　　（3）サービス品質／198
　3　モデルの構築と仮説の設定 ……………………………… 199
　4　実証研究 …………………………………………………… 203
　　（1）概念の操作化／203
　　（2）アンケート調査の設計とデータの収集／204
　　（3）仮説の検証／206
　5　まとめ ……………………………………………………… 213

第 I 部
基 礎 編

第 1 章　消費者行動とは
第 2 章　消費者行動へのアプローチ方法
第 3 章　消費者行動とリサーチ

第1章

消費者行動とは

学習の要点

わが国においては，景気対策，規制緩和，財政政策，企業の活性化などいずれの重大な経済・経営問題にも消費者意識や行動の動向が基本的に重要な要素として登場している。

人はなぜ「消費」するのか。「消費者」とはどういう人なのか。

リーマン・ショックや東日本大震災で消費者は変わったのか，など消費や消費者にまつわる問題は山積している。特に，企業経営では，マーケティング戦略を適切に構築していくには，自社の製品・サービスの買い手である消費者についての深い理解が不可欠となっている。

こうした背景を踏まえ，本章では，

1) 消費とは何か，人はなぜ消費するのか，
2) 市場とは何か，市場には取引の場という意味と消費者の頭数（集団）という意味があるが，現代の消費市場はどうなっているのか，
3) これからの消費や消費者はどうなるのか，

などについて考える。

キーワード

消費と欲望，消費者と消費者行動，暮らしと消費者問題，選択肢過多，消費者の囲い込み

 **消費と消費者とは**

　一般に,「消費」という言葉は,単に,「人々が消費財を使用することで用益を得ること」とか,それをもう少し具体化して,「衣食住に関する物やサービスを手に入れ（購入し）,実際に摂取したり,使用すること」だと文字通りの意味に考えているかもしれない。

　しかし,調べてみると,実際にはこの言葉はそんな単純なものではなく,多種多様な意味を持って使用されていることに気づかされる。また,「消費者」という言葉も同様である。

　現在,人々は政治・経済・社会などさまざまな領域にわたって喫緊の課題解決が必要な問題の渦中にいる（いつもそうであるとも言えるが）。日本では,これまで,「消費」に関わるものとして,食品不正問題,所得格差や「消費の二極化」,「オレオレ詐欺」などが,大きい問題として取り扱われてきた。

　また,「消費」は,景気,経済問題の中心に位置づけられている。国内総生産（GDP）（＝国民総支出）の内訳を支出面から見たとき,投資支出と消費支出に分かれるという。このうち消費支出は6割を占めている。一国のGDPの大きさを決めるにあたっては,消費支出が相当の役割を果たしていることが分かる。

　現在（2012年）,日本では,不景気といわれる最中,「消費者保護」や「消費税」などが議論の渦中にあるが,景気の話になると,常に「消費」という言葉が登場する。つまり,不景気になると,消費が伸びないからと言われ,なぜ伸びないのか,どうやって伸ばすか,が検討される。そこでは,日本の「消費者」の意識や行動の現状や変化方向が分析されるのが常である。

　とにかく,今の日本では,われわれ国民が日常生活を営んでいく上で,「消費」や「消費者」が,非常に重要な要素であることに今も昔も変わらない。

　しかし,この「消費」や「消費者」という言葉の定義は,かならずしも一様ではない。後にみるごとく各種学問によっても相違している状況にある。

したがって，その使われ方が一様ではないとすると，議論をする上での齟齬を生んだり，結論に間違いを犯す懸念が生ずる。

われわれは一人ひとり，その言葉の持つ意味をしっかり掴まえて，ことに対処しなければならないと考えた方がよいであろう。

まず，実際に，「消費」や「消費者」という言葉がどう使われているかを見てみよう。

（1）消費とは

日本語の「消費」という言葉を，辞典類で調べてみる。

まず，『大辞林』（第2版）では，

（1）物・時間・エネルギーなどを，使ってなくすること。「時間を無駄に─する」。

（2）〔経〕欲望充足のために，生産された財貨・サービスを使うこと。

となっている（ただし，ここで出てくる「財貨」とは，財産として価値のある品物や金銭（財物）のことである）。

学術的には，「消費」は，「目標（欲求）の達成行為」とか「人々の物質的，精神的欲求を満たす行為およびその過程」などと定義されている。

ところが，この言葉の解釈は一様ではない。学問上の定義もまちまちである。

たとえば，経済学では，ミクロ経済学とマクロの経済学で違った用法となっている。

ミクロ経済学の「消費者行動論」では，アダム・スミスの提起した「需要の法則」を説明することを第一義的としている関係で，"個人的需要（効用）を満たす行為"が「消費」である。一方，マクロ経済学の「消費関数論」では，"主として世帯（家計）による（貨幣を支出することで）消費財やサービスの購入"を「消費」（消費支出額）と呼んでいる（この点は次章で検討する）。ただし，経済政策などでは，両者は同一視されることがしばしばである。

マクロ経済学的解釈例としては，『世界大百科事典』（第2版）の「消費」の項がある。そこでは，個々の世帯の「消費支出額」を一国全体で集計した

ものを「消費」としている。

> 一定期間における一国の経済活動の結果を統計的にとらえるために，国民経済計算と呼ばれる経済勘定表が作成されている。現在日本では，1978年8月以降，従来の国民所得統計に代えて，国際連合の新しい国際基準に基づく国民経済計算体系（SNA）に準拠して毎年作成・公表されている。経済分析概念としての消費は，まずこの国民経済計算体系の中で明確に位置づけることができる。国民経済の活動水準をとらえようとしたとき，経済活動を三つの側面から等しく把握することが可能である。（傍点筆者）

また，「消費」は総務庁統計局の『家計調査年報』における，家計簿に記入される「家計消費支出」（disbursement）と同義語とされることもあるし，店舗（インターネットなどの無店舗販売を含む）においてなされる「購買」（buying：単に買うという行為）や購入（purchase：努力して買う行為）を指す場合もあり，「摂取」（intake：栄養をとる）の意味に使われることもある。

ところで，日本語の「消費」は，英語では"consumption"を対応させている。この"consumption"の語源は，なかなか興味深いものを持っている。

イーウェンとイーウェン（Ewen and Ewen, 1982）は以下のように解説している。

> もともと"消費する"（語源は，フランス語"consumer"（発音：コンシュメ））という言葉は，略奪行為という意味で用いられていた。"完全に取りあげる，むさぼり食う，浪費する，費やす"という意味で用いられたのだ。ウィリアムズによれば，「初期の英語用法のほとんどの場合において，消費するという言葉は芳しくない意味を持っていた。つまり，破壊し，使い切り，浪費し，枯渇させるという意味だった」。
> また，"消費"（consumption）は，結核を表現する古い用語でもある。土地のような基本資源を使い切るのは，生存への関心に反した行為だった。16世紀を通じて，英語ではこうした否定的なニュアンスが支配的だった。17世紀に入り，新しい交易

の手段にもとづく新しい世界市場経済が発展すると，"使い切る"こととそれがつくりだす需要は，ますます繁栄に結びつくようになった。

交易が天然資源を中心に成立していた古代の伝統から遊離するにつれ，"消費者"という言葉が中立化し，やがて自己肯定的なニュアンスを帯びるようになった。今日アメリカの人々は，無意識に自分たちを"消費者"として位置づけている。

こうして，その言葉の解釈や使われる場面はかならずしも一定しておらず，状況によって使い分けが行われている。

言うまでもなく，現実の一人の人間は多面性を有している。物（サービス）を作る側面，政治する側面，宗教する側面，そして消費する側面などである。この点，人文社会系の学問分野では，後章に見るように，それぞれの学問に即した側面にスポットライトを当てながら人間の消費についての考え方や仕方を研究している。

執筆者たちは，多面性を有した人間を前提としながらも，特に，その「消費」する側面に焦点を当て，そこから一個の人間としての意識や行動を見ていこうと考えている。

しかしながら，現代社会では，人々は，個人の意思だけで自由に行動することはゆるされず，いろいろな制約やしがらみの中でしか行動できないのも事実である。つまり，人は一人では生きていけないということであるが，そのうち，家族の一員として生活している面がきわめて強いと考えている。

したがって，個人と言うより「家計」（世帯）単位で「消費」というものを捉えた方がよいという立場をとることになる。結果的に，ここでは，「個人の消費」は，「"家計の消費支出"（disbursement）という形を取ってあらわされるもの」と考えることにしている。

そういう意味において，本書においては，「消費＝家計の消費支出」という定義である。

(2) 消費者とは

一般的には，「目標（欲求）を達成しようとする人」とか「物質的，精神的欲求を満たす人，および，その過程における人」とされている。

しかしながら、「消費者」という言葉も、消費同様に多義性を有したものとなっている。実際上、「消費者とは誰か」と改まって定義を考えようとするとやはりなかなか難しいのであるが、逆にそれほどいろいろな意味内容や定義が考えられているということでもある。

　当然のことながら、「消費者」（英語では、consumer）という言葉の解釈や概念規定も、学問分野や研究分野によって相違している。

　例えば、経済学（いわゆる主流派経済学）では、体系として「経済的宇宙の二分法」を採用している。そこでは、経済世界には二つの主体（「企業」と「消費者」のみ）が存在しているが、企業は物を作るだけの「生産の権化」であり、消費者は消費をするだけの「消費の権化」が仮定されている。

　また、社会学では、「社会的人間」（としてどのような社会生活を営んでいるか）、心理学では、「心理を働かす人間」（人々が生きていく上で欠かせない消費には、どのような心理的要因が関係するか）、文化人類学では、「文化を形成する人間」（人は、なぜ消費をするのか）、そして、マーケティングでは、「購買者」（人は何を求めているか、何を購買しようとしているか）などの「人間」が想定されている。

　しかし、現実には一人の人間は多面性を有した統合的な存在である。物を作る側面、政治する側面、宗教する側面、そして消費する側面などである。これらの側面間のバランスを取りながら一個の人間として日常的に行動している。

　本書では、多面性を有した人間を前提としながらも、特に、その消費する側面（家計消費費支出の内容やその変化）にスポットライトを当て、そこから一個の人間としての意識や行動を見ていこうと考えている。

　したがって、あくまでも単に消費するだけの人間（＝消費の権化）を想定していないことはもとより、個々の学問分野の枠内での「消費」を考えるのではなく、統合的な存在としての人間が、結果として計上した「消費支出（額）」（expenditure）の内容やその変化に注目しようとする立場をとっている。また、そうした消費支出は、一個人によってというより「世帯」という枠内で行われていると考え、「世帯単位の消費支出」（disbursement）とすることとしている（もとより、「単身者世帯」も含まれる）。こう考えるこ

とにより，大半の公表された官庁統計など「家計調査資料」による実証化が可能となる。

したがって，本書では，「消費者」とは，特に断らない限り，"「消費支出額」（disbursement）を計上する「個人」（person）または「世帯」（household）のこと"としている。

（3）消費者行動とは

「行動」といった場合，一般的な「行動」（behavior）を指す場合と実際の「行為」（action）を指す場合とがある。広辞苑によると，「行動」とは，「人，動物が目的をもって，意志的に体を動かしたり，他に働きかけたりすること」とされ，「行為」とは，「①ある意思を持ってする個人的な行ない。②哲学では，自由意思によって行なわれ，その主体に責任が期される行動，正または不正を決められる行動」である。

心理学では，「環境からの刺激に反応する有機体の行動のこと」となっている。

このことから，「消費者行動」（consumer behavior）とは，「主体が，自らの生活の形成・維持・発展のために必要とする用具または資源を，消費支出を通じて獲得するときの選択行為」となる。

したがって，「消費者行動研究」（research on consumer behavior）の主たる目的は，家計調査資料などさまざまな資料を活用しながら，（実際に，消費が行われた結果としての）総消費支出や項目別（10大費目）支出が，どのような要因によって行われたのかを分析することとなる。この要因としては，経済的，社会的，心理的，文化人類学的，マーケティング的なものなど，いろいろのものが考えられている。

この点は，第2章でより具体的に検討される。

❷ なぜ，人は消費するのか

　人は，何のために働くのか。生きるためである。人間には本能があって，生き続けることと子孫を残すことである。まずは，前者が問題である。自分が生き続けるためになにかしなければならない。働いて報酬を得ることである。仕事をして報酬を得て自分たちの生活を維持しようとする。どんな生活かというと，日常的な衣食住を維持するため，時に新しく出たディジタル製品（スマートフォン）を買うため，結婚費用を貯めるといった近未来のため，また，時に大きな買い物になるであろう一戸建ちの住宅の購入，子供ができたらその教育費，果ては老後の生活を維持するため，と数え挙げたらきりがないほどである。

　一方で，これらは，すべて人々の「欲望」のなせるわざと言われる。つまり，「消費支出」をすることは，「欲望」の実現化にほかならないという訳である。

　ここで，「消費」の背後にあると言われる「欲望」についてもう少し考えておこう。

（１）欲望―「欲望という名の電車」―

　人間は，欲望のかたまりであり，一生，欲望から逃れられない存在であると言われる。

　たとえば，20世紀アメリカにおける最高の劇作家といわれるテネシー・ウィリアムの作品に『欲望という名の電車（A Streetcar Named Desire）』（1951年）がある。映画にもなった。題名はアメリカのニュー・オーリンズに実在した「欲望街」線の路面電車のことで，女主人公はこれに乗り，「墓場」線に乗り換え，「極楽」で下車して妹の家にたどり着くという設定で，人間の運命を象徴させている。女主人公の生と死，真実と虚偽，脆さと強さなど互いに矛盾する二つの要素が凝集された，見事なまでに「人間の欲望」の織り成す光と影を表現した作品として評判を呼んだ劇作である。

　欲望は，人間のみにくい一面をあらわすものとの見方がある一方で，「欲

望」こそ人間を突き動かす原動力であり，この原動力があればこそ，われわれが生活している資本主義社会も保たれているのだという説もある。

では，「欲望」とはどのように考えられているのか。

一般に，「欲望」とは，人が何らかの行為をなす際，その行為に先立って，当該の人の中に沸き起こる未分化な「心的エネルギー」とか，「商品を買うときその商品を欲し，購入という行動に導いていく心的な状態」と解されている。

21世紀の現在，われわれ日本人は資本主義（市場経済ないし混合経済）社会に住んでいる。佐伯（1993）は，資本主義の原動力は人間の本来持っている「欲望」であり，しかもこの欲望には限りがないので資本主義社会は生き続けると述べている。

（２）欲望と欲求と必要性

「欲望」とは，三省堂「国語辞典」では，

　欲望：何かほしいと思う・こと。不足をみたそうとする・こと。

　欲求：何か心に強くのぞむこと。

とある。意訳すると，「欲望」は「一般的な意味で欲しい」をあらわし，「欲求」は「何かある決まったものが欲しい」ということである。ここでは，英語で，前者を"desire"，後者を"wants"としている。

同じような内容をあらわす言葉として「ニーズ」（needs）がある。これは，「いま，何かある物を必要としていること，何かに不満を感じていること」である。

「欲求」という言葉を，文献や辞典類などを調べた結果を要約すると，a）生理的・本能的な欲求，b）心理・社会的な欲求，に分けることができる。すなわち，

a）生理的・本能的な欲求

生物が生命を維持し子孫を残すために必要な「欲求」である。外界からの刺激や体内の状態に直接結びついた，短期的な欲求である。

主に身体内部の情報に基づいた「欲求」：食欲：飲水：排便・排尿：睡眠欲，体温調整：性欲。

主に身体の外部からの情報に基づいた「欲求」：逃避：闘争：祈りや念仏。

b）心理・社会的な欲求

ヒトは群居性の動物であり，また高度な思考力を持つために，社会的に認められたい，知識を満足させたい，他者を満足させたい，というより高次な「欲求」がある。また，欲求の内容は，後天的に身につくものであり，社会や文化の影響が大きいという特徴が見られる。

マーケティング研究者のコトラー（Kotler, 1997）は，マーケティング分野における定義として，「ウォンツ（wants）とは，商品を買うとき，その商品を欲し，購入という行動に導いていく心的な状態」であるとしている。そして，類似概念に「ニーズ（必要性）」（needs）があるとして，「ニーズは，不足や不満を感じる状態であり，ウォンツは，文化や個性により形作られたニーズ」としている。

このことから，マーケティング分野では，ウオンツのことを，
　　wants = needs + α　　（ここで，α（アルファ）:「夢をあらわすもの」）
と解とする説がある。

これは，例えば，米国の製造業者は，市場調査などを行って消費者ニーズに合わせる製品作りを心掛けるというに対して，日本の製造業者は，それに「消費者の夢（α）」（消費者がニーズとして明示的に表現できないが潜在的に持っていると考えられるもの）を加えた製品作りをする，というように使われる。その例には，ソニーの「ウォークマン」があげられている。

（3）マズローの「欲求の5段階説」

人間には，数多くの欲求があるとされるが，マズロー（Maslow, 1954）は，その欲求には序列があると述べた。すなわち，
　①生理的・生物的欲求（Physiological needs）：空腹，渇き，簡便性，省時間性。
　②安全・安定の欲求（Safety needs）：セキュリティ（安心，安全），健康。
　③所属と愛情の欲求（Social needs）：帰属・同調の欲求。個人同士のふれあいや個人間コミュニケーション。

図表1-1

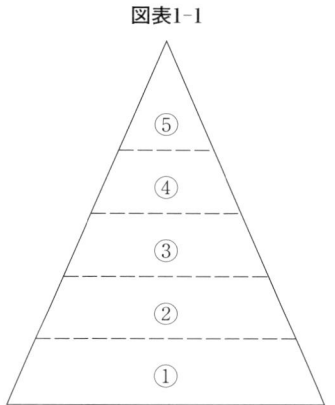

（出所）　Maslow, A（1954）, Motivation and Personality.

　④尊敬欲求（Esteem needs）：優越感，ステータス・シンボル。
　⑤自己実現欲求（Self-actualization needs）：創造・自己啓発の欲求，マニア的商品の発生。
　マズローの場合は，生存するに当たって最も基本的とされる低次元の欲求①から高次元の欲求⑤へと進んでいくという「欲求の発展段階理論」である。図表1-1が想定されている。
　現在は，マズローの欲求のあらゆる段階が，同時平行的に発生しているという考え方も提起されている。また，「自己実現欲求」は満たされ，さらなる欲求の掘り起こしが考えられなければならないのではないかという指摘もある。

（4）欲望の本質とは

　上述されたように，「欲望・欲求」については，その本質や内容をめぐってさまざまな説がある。
　ここでは，本質や種類をめぐっての説のうち代表的なものについて見ておこう。
　まず，「欲望の本質」については，山崎（1987）の見解が参考となる。
　すなわち，「欲望」には，「物質的欲望」と「精神的欲望」とがある。「物

質的欲望」の方は，単にそのものの獲得，すなわち，「ものの消耗」が第一であるので，欲しいものが手に入ることによりその欲望も消失してしまう。したがって，物質的欲望は，「有限性」を有した，手に入れるだけの「目的志向的」な欲望となる。一方，「精神的欲望」の方は，ものを手に入れたときから（場合によっては，手に入る前から）始まる欲望である。これは，「ものの消耗を遅らせる」（すなわち，時間の消耗や消費過程そのものを味わう）ことと考えられ，ある意味で「無限」で無限の可能性を持っているものと解釈されている。ここでは，ものを如何にして味わっていくか，また，ものから受ける楽しみを引き延ばしていくかが問題となる。味わい方，楽しみ方は，個人に任され，各人にとって「目的探求的」欲望となるのである。

今日では，人々は，溢れるばかりのものに囲まれた生活に飽き，自己にとって真に必要なものから如何に「精神的欲望」を満たしていくかを考えるようになってきているという。

このことから，来るべき社会とされる「消費社会」についての，一つの見解が生まれる。

この場合，「来るべき消費社会」には，悲観論と楽観論がある。例えば，悲観論では，浪費社会，退廃，快楽主義からくる不道徳蔓延（はびこる）社会が想定される。これは，効率主義と対比して考えられている。人間の無限の自己顕示欲とそれに基づく無限の競争欲のあらわれの結果として出てくるものだからである。「消費社会」についての考察は，生産優位の社会からとか，効率への無目的な信仰や目的志向的な考え方から派生するという議論と同様の論旨が展開される場合が多い。

一方，楽観論では，これからは，生産と消費関係の変質を通して，消費が「精神的欲望」を満たすための行為となっていくと考える。そのことは消費行動が，「目的志向的」でなく「目的探求的」行動となるのであって，それこそが志向さるべき社会ではないかと考えるわけである。来るべき消費社会は，悲観材料ばかりではないという主張である。

どちらにしろ，一人ひとりが，自己の「欲求」や「消費」，そして「生き方」までもしっかり見据えるべきことが重要であることには変わりはない。

❸ いま，消費者をめぐって何が起こっているのか

（１）家計消費支出から実態を垣間見る

　日本人の商品に対する考え方は非常に変化が激しいと言える。具体的には，毎年のヒット商品の内容などからも消費動向を検討したりできる。ヒット商品も一年はおろか半年で入れ替わっている。

　コトラー（Kotler, 1997）も消費者を捉えることの困難さを次のように述べている。

> 　消費者行動を理解することと消費者を知ることは，容易ではない。消費者は自己のニーズやウォンツを述べることはできても実際には，違った行動を取ることもある。彼らは，自己のより深遠な動機に触れていないのかもしれない。彼らは，最後の一秒で心変わりするかもしれない。しかしながら，それでもマーケティング担当者は，自己のターゲットとなる消費者の「ウォンツ，知覚，好み，購買パターン」について研究しなければならないのである。

　ところで，景気問題では，常に，全体の６割と言われる「消費動向」が取りざたされる。それをデータで裏付けるのが，総務省統計局から毎年発表される『家計調査年報』の「一世帯当たり一ヵ月の消費支出総額」である。

　総務省統計局から出されている家計調査年報では，毎年，約８千の日本の家計（二人以上）の様子を見て取ることができる。人々の消費の仕方が，すべてではないにしても，相当程度理解できるものになっている（別に，約５万世帯を対象にした５年ごとに調べる「全国消費実態調査」もある）。

　そこでは，年別（月別），地域別の家計の収入，消費，貯蓄などに関する統計数値が載せられている。

　消費支出には，10大費目というものがある（かつては５大費目であった）。内訳は，食料費，光熱費，被服及び履物，住居費，家具・家事用品，保健医療費，教養娯楽費，教育費，交通・通信費，諸雑費である。

また，消費者物価指数では，構成品目は改定するたびに品目が増えていくが，使用されなくなって廃止される物もあり，品目の入れ替わりも激しい。昭和24年の改定時には，195品目であったが，5年前の平成17年度基準では582品目採用されたのに対し，22年基準で採用された品目数588品目（内訳，追加28品目，廃止22品目）となっている。

　これなども，人々の欲望の変化が，消費支出の内容にも変化を呼び起こしている結果であるといえよう。

　また，こうした資料から，現実の消費者の人口統計的・経済的側面に焦点を当て，不振の現状と消費動向で発生している新しい状況を探ることも可能である。

　そこでは，基本的に「高齢者の増大とそれに伴う問題」と「所得格差の拡大と消費の二極化」，そして「他人とのふれあい」を求める姿が浮き彫りになっている（例えば，交際費の増大）。これらは，「現代の消費のキーワード」とも言われている。

（2）暮らしと消費者問題

　昭和30年代以降になると高度経済成長とともに人々の購買力も増し，多種多様な商品が大量生産されるようになり，大量生産・大量販売・大量消費の図式が回るようになる。巨大市場が形成され，「大衆消費社会」が現出していると言われた。このころの消費者は「所有価値」（物を持つことに価値を見出す）を重んじていたと考えられている。しかし一方で，消費者も次々と出回る新しい商品・サービスへの対応が追いつかず，適切な選択能力を持たないまま販売商戦に巻き込まれ，単に提供されるままに物を購入するだけで，狭い部屋が「物にあふれ」，寝る場所も無いといった状況になっているという警告もあったりした。そこへ，70年代に入って「ニクソン・ショック」や「第1次石油危機」があらわれて，消費者側も反省し，「固有価値」（他人に左右されない自分だけのものを持つ＝1点豪華主義）の価値観に移っていったとされている。

　しかし，近年，性能や安全に問題のある商品のために健康を損ねたり，不必要なものを買わされてしまったりする消費者被害が増加してきた。このよ

うに商品やサービスが生産者から消費者に供給され，消費される過程で発生するあらゆるトラブルを「消費者問題」という。

近年の食品の偽装など不正問題を列記してみよう。

冷凍ギョーザ中毒事件，メラミン混入の牛乳，乳製品原料肉偽装，期限切れ原料使用，豚肉などを混ぜた「牛ミンチ」，賞味期限改ざん，製造日改ざん，産地偽装やつけ回し，食肉偽装，飛騨牛偽装，ウナギ蒲焼き偽装，事故米の食用転用など。

また，高齢者には「オレオレ詐欺」などが問題となっているが，若者にも多くの相談が矢継ぎ早に「国民生活センター」に寄せられているという。最近の例には以下のようなものがある。

- クリックしただけで登録になり料金を請求されるPCでの不当請求（2005年5月20日）
- 就職説明会と呼び出し，契約させた英会話とパソコン教室（2004年9月17日）
- 「解約してあげる」と言われ契約させられてしまった会員サービス（2004年7月20日）
- 決済代行会社から請求される出会い系サイト利用料金（2004年6月18日）
- キャッチセールスで契約させられたエステティックサービスと関連商品（2004年4月20日）
- 「イメージよりずっと小さかった」ブランド品を紹介する雑誌を見て申し込んだハンドバッグ（2004年4月16日）
- 携帯電話で誘われて出かけた展示会で次々契約させられた絵画（2004年3月19日）
- 学生の連鎖販売取引に係るトラブル（2004年3月17日）
- 販売目的を隠してメル友になり，高額な宝石を売りつけるデート商法（2004年3月17日）
- クーリング・オフ後の返金が遅い映画鑑賞券（2003年10月20日）

❹ 消費にまつわる現象をどう考えればよいのか

（１）消費不況の中身とは

『NHK クローズアップ現代』（2012年3月18日（木）放送）で「買わない消費者　急増中!?」が放送された。その内容は，

> いま20代から30代前半の若い世代の消費行動に異変が起きている。有名ブランドのファッション用品，マイカー，スキーや海外旅行など，これまで若者たちの間でステータスとされ，人気があった高額な商品やサービスが売れなくなっているのだ。こうした若者たちの変化は日本経済に大きな影響を与えるとして，企業やマーケティングの専門家などの間で，対策を見出そうという動きが広がっている。「所得の減少や将来への不安から来る消費の縮小」，「バブル崩壊後，経済成長を知らずに育った世代の消費への関心の薄さ」，「物質的な豊かさからの価値観の転換」などさまざまな背景が指摘される若者たちの変化。ファッションとスキーの分野で若者の"消費の実態"と企業の対応を取材し，若者たちの消費行動の変化はなぜ起きているのか，今後どうなっていくのか，そして企業には何が求められるのか考える。

というものであった。

消費不況と言われる今日，その解釈はいろいろ分かれる。つまり，「消費者はお金がなくて買えないのか」，「お金はあっても，たまたまそのとき買いたくないから買わないのか」，「買いたい物がないので買わないのか」などが考えられ，消費者の心理は複雑である。

三浦（2006）によれば，現代日本の人々は，ものに対する快感を持てなくなっているという。

「今，買いたくない」が，「ものの購入に快感が持てない」の状況は，以下のような関係となる。

> 消費者が「買わない」という問題を心理の側面から考えてきたが，現段階では，

現代の消費者が強く意識する心の内は特定できないということである。消費者がますます個性を強調している結果とも受け取れる。また，時間や場所などにより意識がめまぐるしく変化しているということかもしれない。いずれにしろ，いろいろな要素が錯綜して消費者心理に働きかけている現状からして，「消費の不振」の根は，非常に深いと言わざるを得ない。

ここで，「今，買わない」という消費者側の理由をたどってみよう。

「今，買わない」消費者心理
- (a)「買いたいけど買えない（買いに行けない）」―経済的要因，身体的要因
- (b)「買いたくないから買わない」―心理的要因（期待，予想）

(b) の場合
- (c) 商品の延期化（よりよい物が出る，または，安くなるまで待つ）
- (d)「今，欲しい物がない」

(d) の場合
- (e) 将来，欲しい物が出てくれば購入する。（購入物の所有には意欲的）
- (f) 物の購入に快感が持てない。（物質的欲望から精神的欲望へ）

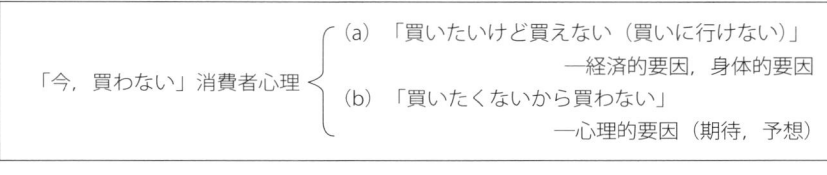

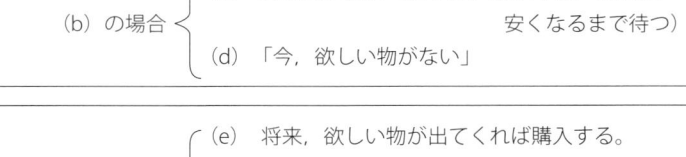

つまり，「今，買わない」という場合の消費者心理は，(a)～(f) までのどれかのルートをたどっていると考えられ，例えば，政府の経済政策立案や企業側の消費者対応戦略は難しくなるのである。

(２) 現代では「選択肢過多(Choice Overload)」が起こっている

現代の人々は大量の情報に囲まれている。その一方で「高齢者も若者も限りなくひとりぼっちの窒息状態」にあると考えられている。

さまざまな交流サイトの勢いが止まらない。つい先頃，楽天などのインターネット商店街が登場したと思ったら，すぐに，掲示板，ブログ，そして，SNS（Social Network Service）のミクシィが大評判になり，今や，ツイッ

ター，フェイスブック，フォースクエアなどのいろいろの交流サイトが登場している。

　2010年のヒット商品番付に入った「もしドラ」は，200万部と空前の発行部数となり，第2次ドラッカー・ブームの火付け役となった。この販売に当たっては，「ツイッター」も大いに活用したということだ。何回もつぶやいたということである。クチコミと同類の効果を狙ったと見られている。

　情報洪水の中で，人は，まず，判断を電子媒体に委ねる。しかし，そこに，「選択肢過多」の問題が起こっている。選択肢過多とは，選択肢が増えれば増えるほど，選択することが難しくなってしまい，迷いやストレスの原因となってしまう現象のことである。

　製品の種類を豊富に揃えることは，顧客の買い物の選択肢を広げ，選ぶ楽しみや買い物の自由を提供することにつながる重要な施策である。しかし，選択肢を増やし過ぎて，選択肢過多となってしまうと，結果として顧客の購買行動の負担となり，売上に結びつかない場合もある。選択肢が購買行動に与える影響を調べるために，スタンフォード大学のマーク・レッパー（Mark Lepper）とコロンビア大学のシーナ・アイエンガー（Sheena Iyengar）が行った有名な実験がある。

　「スーパーマーケットでジャムを試食した顧客に割引クーポンを渡すという特設ブースを作り，ある週末には24種類のジャムを，別の週末には6種類のジャムを並べて，購買行動の反応を調べるという実験を行った。24種類のジャムが並べられているブースでは足を止めた顧客の60％が試食したが，そのうち3％しか購入しなかった。6種類のブースでは40％しか試食しなかったが，そのうち30％近くが購入したという結果が出ている。

　この実験によって，選択肢過多という現象が実際に存在し，選択肢が多すぎると購買意欲が低下してしまうということ，そして，選択肢は多過ぎないようにある程度限定した方が購買に結びつきやすいということがわかる」というものである。

（3）買い物という行為を簡便に済まそうとする面も強い（「消費者の囲い込み」）

　商品の購入に魅力を持てなくなった人々はもとより，日常的な購買行動を

面倒くさいとか探しものをする手間を省きたいとかと感じる人が多くなってきている。

今日，インターネットの普及による電子商取引が活発化してきて，こうした問題は解決されつつある。実際に，買い物行動を苦痛に感ずる場合は，居ながらにして商品を購入できることは魅力的である。

耐久消費財など買い回り品に要する時間の節約も可能になっている。一般の人々や前期高齢者（元気な高齢者：これに対し後期高齢者は行動に難のある人々を指す）は，こうした日常的な買い物の煩わしさを避け，マニアックな商品やレジャーへ資金や時間を回すことも考えられる。

また，商品購入における商品探索や価格比較も容易である。

一般に，有利な買い物をするには，ちらしを見たり，実際に店舗で手に取って見たり店員に聞いたり，業者や購入済みの知人に聞いたりしなければならない。こうした商品・サービス情報の探索（サーチ）に手間暇が掛かる。西岡（2001）は，サーチはどこまで可能かについて，図表1-2のような「限界満足」と「限界コスト」を使って考察している。

すなわち，人々のサーチにも限界があるということである。こうした状況

図表1-2

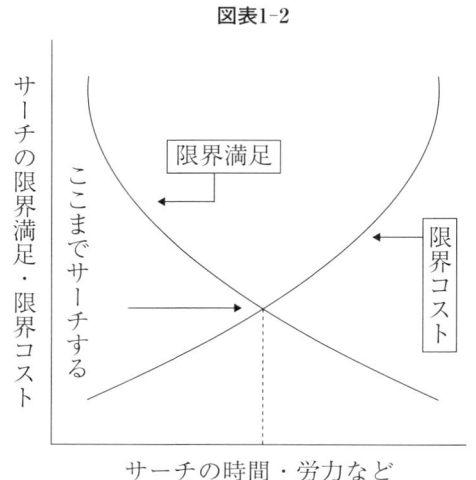

（出所）　西岡幸一（2001）「消費経済学入門」『日経流通新聞』。

から，電子商取引では，「消費者の囲い込み」（securing customers）が重視されている。

国領（2000）は，サイモン（Simon, 1996）の「認知限界」概念等を使って説明する。

すなわち，高度経済成長期には家族が中心であったが80年代に入って，個人レベルで考える必要性が高まってきた。そこでは，従来言われてきた「情報の非対称性」概念の変化が起こっている。消費者の情報不足を補うべく，企業は積極的に情報提供してきた―大量の情報の出回りと企業情報の開示―。（インターネット等により・例えば，オートバイテルなどインターネット・オークション企業の出現＝）。これが「情報化」ということであった。

現代では，これが逆転し，消費者が情報を保持するようになり，企業側の消費者情報が不足する事態となっている。つまり，企業が最も欲しい消費者情報（収入額，住所・氏名，クレジット番号等）の非開示が起こっているということである。これを「情報の非対称性」という。

また一方，国領は，大量情報をオファーされている消費者側にもある種の状況が発生しているともいう。情報量が一つ増えるとサイモン流の「認知限界」が起こって，また，信頼性の問題から複数のところにはカード番号を知らせたくない（一社に絞る傾向がある），ということから企業を選別することとなる（アマゾンドットコムで一度買い物をすると，以降惰性でアマゾンドットコムを使って購入することになる），というわけである。

こうして生ずる消費者のサーチ限界性を考慮するところから，「消費者の囲い込み」と「囲い込み競争」が一段と激しくなると予想されるのである。

リピーター（repeater）は「繰り返し（リピート）訪れる顧客」という意味で用いられるが，このリピーターを増やそうとすることなども「消費者の囲い込み」戦略の一種と見られる。例えば，スーパーマーケットや家電量販店などのほか，電子商店街などでもポイントサービスを導入し，消費者を繰り返し来店させようと知恵を絞る。

主な参考文献

阿久津聡（2011）「顧客の暗黙知まで踏み込んだマーケティングに向けて」『季刊マーケティングジャーナル』，Vol.31, No.3（Winter），2-4頁。
黒田重雄（2001）「現代消費者考」『商店街研究』（日本商店街学会会報），第15号，3-20頁。
国領二郎（2000）「情報化からみた戦略研究―情報化が協働構造に与える影響―」（慶應義塾大学ビジネススクール・21世紀の企業モデル研究会），2000年7月13日。
佐伯啓思（1993）『「欲望」と資本主義―終わりなき拡張の論理―』，講談社現代新書。
西岡幸一（2001）「消費経済学入門」『日経流通新聞』，2001年7月3日。
ベグリー，シャロン（2011）「思考力の低下はツイッターのせい？」『Newsweek』，2011年3月16日号，40-45頁。
三浦展（2006）『下流社会―新たな階層集団の出現―』，光文社新書。
山崎正和（1987）『柔らかい個人主義の誕生―消費社会の美学―』，中公文庫。
Ewen, S. and E. Ewen (1982), *Channels of Desire*, McGraw-Hill.（小沢瑞穂訳（1988）『欲望と消費―トレンドはいかに形づくられるか―』，晶文社）
Irvine, W. B. (2006), *On Desire: Why We Want What We Want*, Oxford University Press.（竹内和世訳（2007）『欲望について』，白揚社）
Kotler, P. (1997), *Marketing Management: Analysis, Planninng, Implementation, and Control*, 9th ed., A Simon & Schuster Company.
Kotler, P. (2000), *Marketing Management*, The Millennium ed., Prentice-Hall.
Kotler, P. and G. Armstrong (1996), *Principles of Marketing*, 7th ed., Prentice-Hall International, Inc.
Maslow, A. (1954), *Motivation and Personality*, Harper, p.236.
Simon, H. A. (1996), *The Science of the Artificial*, 3rd ed., The MIT Press.（稲葉元吉・吉原英樹訳（2001）『システムの科学』（第3版），パーソナルメディア）
Williams, T. (1951), *A Streetcar Named Desire*.（小田島雄志訳（1988）『欲望という名の電車』，新潮文庫）

第2章

消費者行動への
アプローチ方法

学習の要点

人間が生きていく（生き続ける）上において，消費の側面はきわめて重要であるという立場から，消費者行動研究では，消費者行動に対する要因・要素として「何が重要なものか」，をそれぞれの学問の立場から解き明かそうとしている。

本書では，「消費者」consumer とは，特に断らない限り，「消費支出」disbursement をする人 person（または，世帯 household）のこととしている。また，「消費」consumption は，「購買」buying や「購入」purchase の意味とも重なっている。したがって，「消費者行動」（購買者行動）研究では，基本的に，「消費支出や購買がどのような要因によって生じているか」を考察する。そして，その要因として挙げられているものは，経済的，社会的，心理的，文化人類学的，マーケティング的なものなど非常に多岐にわたっている。

こうして，経済学，心理学，社会学，マーケティング等の学問分野では，それぞれの立場からの消費者行動研究・理論形成（モデル・ビルディング）が行われている。本章では，これまでの消費者（購買者）に関する概念や諸学問にあらわれた「消費者行動論」の紹介を行う。

キーワード

消費者へのアプローチ方法，刺激−反応モデル，ブラックボックス・アプローチ，行動科学的アプローチ，人文社会科学系の学問分野における消費者行動モデル

❶ 消費者行動を捉える場面はどこか：消費行動と購買行動

　企業が提供した物・サービスを消費者（家計）が，お金をだして購入したときその物・サービスの価値（額）が決まり，企業の「売上げ」として計上される。また，家計ではその額が家計簿に「消費支出」として記入される。購入した時間や場所も明らかとなる。

　人文社会系の学問では，大半，「消費者行動」を中心テーマとして研究しているが，そこでの消費者や消費者行動を捉える場面は学問間でかなり違ったものになっている。

　消費者の支出行動を理論化する場合，どういう場面で捉えられているのかを考えてみよう。捉える場面は，大別して，消費行動としてみる場合（a）と購買行動としてみる場合（b），とがある。

　それぞれについて見てみよう。

　(a) **消費行動（consumer behavior）としてみる場合**：

　主として経済学で採用されている見方である。収入（所得）は「消費」と「貯蓄」に配分されるとする。さらに「消費」は，実際の「消費支出総額」や「消費項目別（10大費目）支出」を考える。分析指標として，消費性向・貯蓄性向や費目別家計支出配分割合をとって，その変化の動向を分析する。得られた実態の分析から理論を構築する方式である。「消費関数論」などが代表的なものである。

消費行動として捉える ⎰・消費と貯蓄との配分→貯蓄性向と消費性向(分析)
　　　　　　　　　　 ⎱・消費項目別支出の配分→費目別家計支出配分(分析)

　(b) **購買行動（buyer behavior）としてみる場合**：

　主としてマーケティングで採られる見方であり，購買に関連する「商品やブランド，流通（店舗や立地場所）」などが実際にどのような状況や要因により行われているかを分析し，考察する。

購買行動として捉える
- 商品選択（競合商品間選択）
- 店舗選択（ストア・ロイヤルティ，競合的購買場所の選択商圏モデル）
- 銘柄選択（ブランド・ロイヤルティ，ブランド切替モデル）
- 購買数量・頻度決定（反復購買モデル）

以上のような捉える場面ごとに消費者（購買者）行動へのアプローチ方法が考えられ，その上で理論形成（モデル・ビルディング：model building）も行われている。

❷ 消費者へのアプローチ方法にはどのようなものがあるか

消費者行動に関しては，これまでは数多くのモデル・ビルディングがなされているが，そのほとんどの場合，「刺激－反応モデル」（stimulus-response model）の形をとっている（図表2-1）。

これは，パブロフの動物による条件反射実験として有名なものであるが，消費者行動の理論化には中心的な方式である。

この原則に立ちながらも，具体的に消費者行動への接近方法（アプローチの仕方）には，大きく分けて二つの考え方がある。一つは，①「ブラック・ボックス・アプローチ」（black-box approach）であり，他は，②「行動科学的アプローチ」（behavioral-systems approach）である。

「刺激―反応モデル」によって，①と②の説明を試みてみよう。

（1）ブラック・ボックス・アプローチ（black-box approach）

このアプローチは，図表2-1の「人間」の部分を「ブラック・ボックス」

図表2-1 刺激-反応モデル

刺激 (stimulus) → 動物（人間） → 反応 (response)

図表2-2　消費者行動のブラック・ボックス・アプローチ

刺激 (stimulus) → ブラックボックス (black box) → 反応 (response)

$$\left.\begin{array}{l}\text{消費者（購買者）の特性}\\ \text{心理状態変数の相互依存関係}\\ \text{購買者の意思決定プロセス}\end{array}\right\} \text{問わない}$$

（暗箱）として取り扱いながら「モデル・ビルディング」を行う（図表2-2）。人間の心理状態や意思決定プロセスを考慮しない，いわゆる，「消費者行動の刺激—反応モデル」(stimulus-response model of consumer behavior) である。

　図解してみよう。仮に，下記の箱の内部を人間の心理状態を表しているとすると，箱のフタは閉じている。つまり，人間の頭の中で何が起こっているかは一切問わない。あくまで刺激（原因）と反応（結果）の関係だけが問題となる場合である。

　このようなアプローチをとるものとしては，消費関数論争を行っている経済学（一部社会学）が有名である。

　例えば，ケインズ (Keynes, 1936) は，『一般理論』で，所得と消費の間には関係があるという消費関数を提示した。

　　　　C=a + bY　（ただし，Y：一国の所得，C：一国の消費，a,b は常数（パラメータ））

　この関係式は，マクロ（巨視的）の変数（一国における集計所得 Y と集計消費 C）を当てはめたもので，個人（ミクロ）の収入や消費の関係ではな

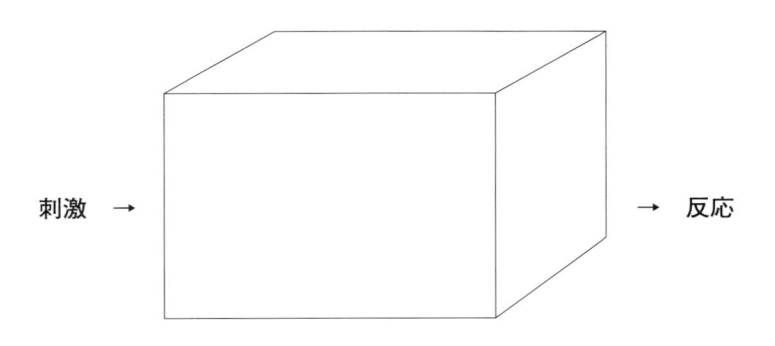

刺激 →　　　　　　　　　　　　　　　→ 反応

い。ケインズの消費関数は，最終的にはクズネッツによって統計的に否定されたが，その後，ミクロ（微視的）の消費問題にまで拡張され，「消費関数論争」となっている。しかし，未だ決着がついたという話は聞かれない。

（2）行動科学的アプローチ（behavioral-systems approach）

　ある刺激に対して，なぜ，ある反応が起こったのかを考える。つまり，これは，箱のフタを開けて中身を覗きみる。つまり，心理状態の諸関係を重視する立場である。図は，三浦信・来住元朗（1974）『マーケティング』を参考にしている。

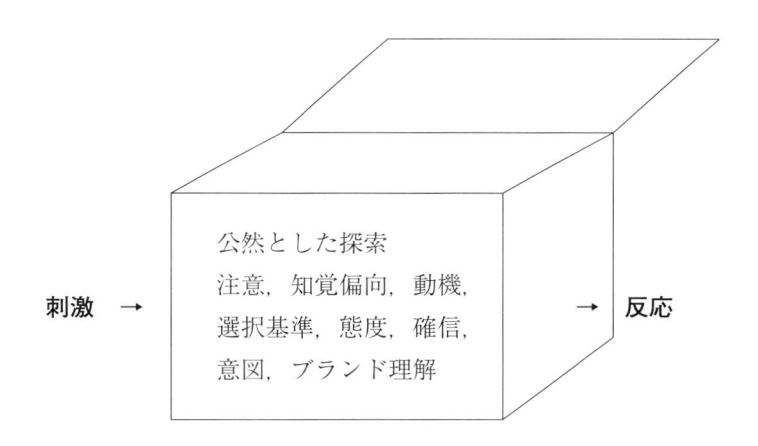

刺激 → [公然とした探索／注意，知覚偏向，動機，選択基準，態度，確信，意図，ブランド理解] → 反応

　心理状態の諸関係（つまり，箱の中身）をどうあらわすかについては，「仮説的構成概念」というものが考えられている。例えば，「公然とした探索」，「注意」，「知覚偏向」，「動機」，「選択基準」，「態度」，「確信」，「意図」，「ブランド理解」などが概念として登場する。これらの概念間の諸関係を間において，刺激―反応図を完成させようとするものである。
　こうした観点から形成されたモデルとしては，ハワード＝シェス・モデル（Howard-Sheth model）が先駆的かつ代表的なものである。
　ここで仮説的構成概念は，知覚構成と学習構成とから成っている。（後述）
　ハワード＝シェス・モデルにあるように，心理状態（箱の中身）のみな

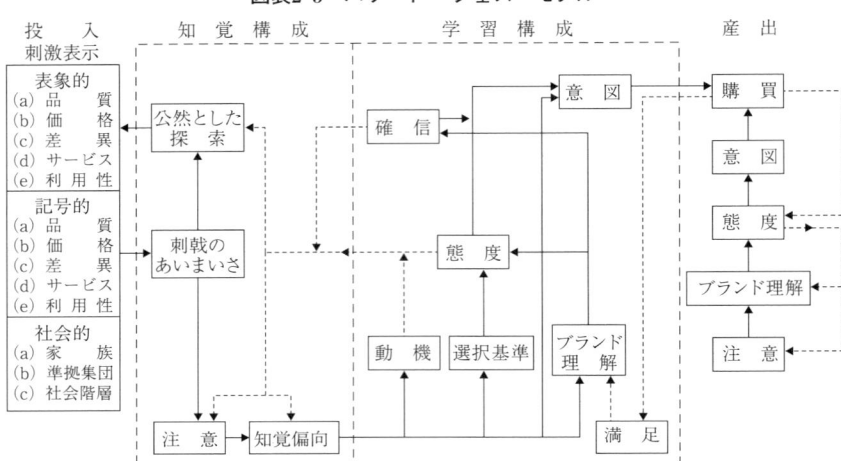

図表2-3　ハワード＝シェス・モデル

投　　入 刺激表示	知覚構成	学習構成	産　出

表象的
(a) 品　　質
(b) 価　　格
(c) 差　　異
(d) サービス
(e) 利用性

記号的
(a) 品　　質
(b) 価　　格
(c) 差　　異
(d) サービス
(e) 利用性

社会的
(a) 家　　族
(b) 準拠集団
(c) 社会階層

知覚構成：公然とした探索、刺戟のあいまいさ、注意、知覚偏向

学習構成：確信、意図、態度、動機、選択基準、ブランド理解、満足

産出：購買、意図、態度、ブランド理解、注意

───── 情報の流れ　　-------- フィード・バック効果

（出所）Howard, J.A. and J.N. Sheth（1969）, *Theory of Buyer Behavior*

図表2-4　消費者の購買行動に影響する諸要因

文化的	社会的	個人的	心理的	購買者
・文化 　（Culture）	・準拠集団 　（Reference groups）	・年齢とライフサイクル段階	・動機	
・下位文化 　（Subculture）	・家族 　（Family）	・職業	・知覚	
・社会階層 　（Social class）	・役割と地位 　（Roles and statuses）	・経済的状況 ・ライフスタイル ・パーソナリティ 　と self-concept	・学習 ・信頼と態度	

（出所）Kotler, P.（1997）, *Marketing Management,* 9th ed. pp.171-202.

らず投入（刺激表示）部分も結果（産出：購買するかしないか）に大いに関係している。こうして購買行動には，さまざまの要因が関係している。こうした要因として挙げられているのは，文化的，社会的，個人的，心理的要因がある。

コトラー（1997）によってそれらの間の関係を見てみよう（図表2-4）。

❸ 各学問分野における代表的消費者行動論

（1）人文社会系の学問では「消費者行動」が中心テーマ

人文社会系の学問は，人がこの世界で生きていく上において関係ある社会的，経済的，政治的，文化的側面を取り扱っている。そして，ほとんどの人文社会系の学問では，「消費者行動」が中心テーマである。その理由は，人間が生きていく（生き続ける）上において，消費の側面がきわめて重要な要素であるということを諸学問が認識しているということにほかならない。

（2）各学問分野における消費者行動に対するモデル・ビルディングの考え方

現在の各学問分野における消費者行動のモデル・ビルディングの方式を，1．経済学，2．心理学，3．社会学，4．マーケティング，における代表例によって見てみよう。

1）経済学における消費者行動論

まず，経済学では，消費者行動を学問として最初に理論化した。『国富論』（1776）を書いたアダム・スミスが提起した，「ある商品の価格が上がると需要量が減少し，価格が下がると需要量は増大する性質がある。なぜなのかを解明する必要がある」という，いわゆる「需要の法則」（the law of demand）を説明することから始まった。そしてこのことは，（希少な）ものを，どのように人々の間に分配するか，という経済学の本来の問題（分配の理論）も併せて研究することとなっている。

図表2-5

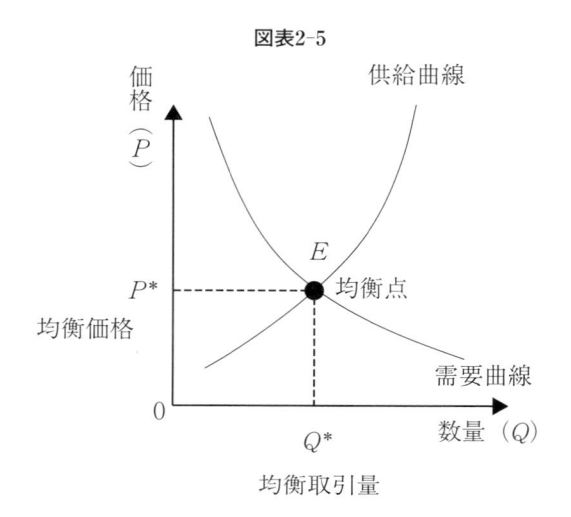

また，上記されたケインズの「消費関数」に始まる，その後の「消費関数論争」も生み出してきている。

①消費者選択の仮説（utility hypothesis）：

アダム・スミスの問題 の「需要の法則」の解明には，ある商品の価格と需要数量の関係をあらわす「需要曲線」を導き出すことが必要であった。

最初，人々の効用（ある商品から受け取る個人的満足度）について，効用可測性と効用極大仮説前提のもとで，限界効用や全部効用概念を使って「無差別曲線」を描くことを考える。しかる後に「需要曲線」（demand curve）を導く方法がとられている。消費者選択の仮説は，「無差別曲線の理論」とも言われる。

つまり，あるモノから得られる個人的満足度（測定可能）から，効用極大を前提の需要曲線と供給曲線とから均衡点を見い出す。

この関係を使って，「需要の法則」を証明することに成功した。また，後に「効用の可測性」を前提にしなくとも「需要の法則」が導き出せることを証明している。

②消費者行動論—マクロの「消費関数」からミクロの「消費者行動論」へ—

次に，上述されたJ.M.ケインズの「消費関数」の問題解決のため，いく

つかの議論が展開されてきた。ここにおける基本式は，ブラックボックス・アプローチの考え方によっている。たとえば，消費（C），所得（Y）とすると，

　　　　C＝f（Y）　　　　（ここで，f：関数）

の形をしている。

たとえば，以下のような仮説がある。

(a) 絶対所得仮説（Absolute income hypothesis）：
　　ケインズの消費関数論，所得のみが消費に影響を与える。

(b) 流動資産仮説（Liquid-assets hypothesis）：
　　トービンの預貯金，証券・債券などの流動資産が消費に影響を及ぼす。

(c) 相対所得仮説（Relative income hypothesis）・**依存効果仮説**（dependence effect）：
　　デューゼンベリーの「相対所得」Relative income の意識の底流にある「デモンストレーション効果」（demonstration effect）やガルブレイスの『ゆたかな社会』（*The Affluent Society*）における「依存効果」（dependence effect）に相当する。

(d) 保有量調整仮説（Stock-adjusted hypothesis）：
　　経済学では，唯一心理的な要素が組み込まれている。ストック（保有量）の影響を重視する。あるモノには，物的保有量（マイナスに作用：日常衣料品）と心理的保有量（プラスに作用：タバコ）の二つの部分がある。どちらが強くでるかである。

(e) 恒常所得仮説（期待所得仮説）（Permanent income hypothesis, Expected income hypothesis）：
　　フリードマンの「消費関数論」"*A Theory of Consumption Function*"（1957）。
　　所得の増大と平均消費性向の関係における時系列と横断面との違いを統一的に説明する。

(f) ライフサイクル仮説（Life-cycle hypothesis）：
　　「一生涯にわたる収支均等式」を前提として現在の消費が決定され

(g) **習慣仮説**（Habit hypothesis）：
　　　消費は過去の経験によって行われる。遠い過去を引きずる─計量経済学の時系列に対する仮定として入る（残差項への仮定）。

　ここでは，「ライフサイクル仮説」（Life-cycle hypothesis）について見てみよう。
　その骨子は以下のようなものである。
　図表2-6において，縦軸は経済変数の所得（Y），消費（C），貯蓄（所得マイナス消費）（S）である。横軸は時間の経過をあらわし，初就職時点（0），退職時点（M），死亡時点（N）を示している。
　いま，消費者は，現在時点（t）で，現在得られた所得を消費と貯蓄にどう配分するかの問題に直面している。彼（彼女）にとってそのことを決める要素として重要なのは，自身のライフサイクル上の経済変数の諸関係にあると考えている。
　具体的には，彼（彼女）は，初就職以来現在まで貯蓄を蓄えてきており，資産（K）として持っている。また，これから退職時点までに貯蓄総額（S）を蓄えていけるであろうと予測（期待）している。そして，退職後は収入ゼ

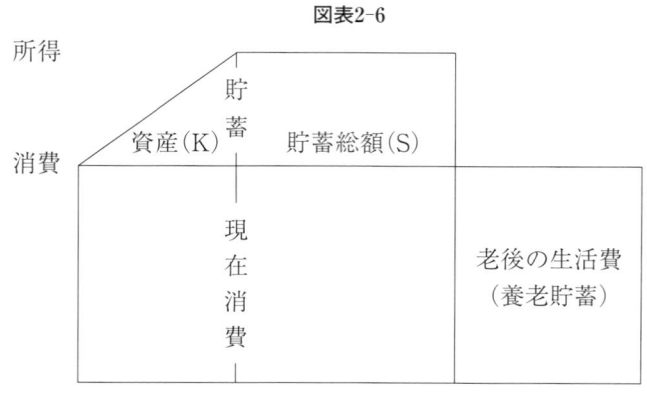

図表2-6

（出所）Modigliany, F. and R. E. Brumberg（1954），"Utility Analysis and the Consumption Function."

ロとしている。したがって，KプラスSで，退職後から死亡に至るまでの老後の生活費を賄う予定である。この場合，KプラスSは，「養老貯蓄」と呼ばれる。そして，死亡時点において，貯蓄はゼロである。つまり，彼（彼女）は遺産を残さないで死んでいくという場合を想定しているということになる。

　このモデルの示すことがらは，KプラスS（養老貯蓄）＝老後の生活費（「一生涯にわたる収支均等式」という）の条件の下で，現在の貯蓄をいくらにすればよいかを考えるということになる（また，消費をいくらにするかと言っても同じである）。

　以上が，モデルの簡単な説明であるが，このモデルを使って，いろいろな実証分析がなされている。特に，死亡時の「遺産」をどう考えるか，の分析が多くなっている。

　その場合，現実の当てはめに用いる選択肢は三つである。(a) 遺産は残さないという「利己主義モデル」（egoism model）（これは，「モジリアニ・ブランバーグ仮説」という），(b) 自分の子に対し愛情（利他主義）を抱いており，その世代間の利他主義から子に遺産を残すという「利他主義モデル」（altruism model），(c) 家または家業を継いでくれる子にのみ遺産を残すという「王朝モデル」（dynasty model），のうち，どのモデルの当てはまりがよいかが議論される。

　実証分析の結果からは興味深いファクト・ファインディングが得られている。

　たとえば，ホリオカ（2002）によると，
(a) 日本においてもアメリカにおいてもどの家計行動の理論モデルも支配的ではなく，三つのモデルが混在しているようである。
(b) 日本においてもアメリカにおいても利己主義を前提としたライフサイクル・モデルの適用度が最も高いが，日本において特に高い。
(c) 王朝モデルの適用度も日本の場合のほうが高いが，日本においてもそれほどは高くない。
(d) 逆に，利他主義モデルの適用度はアメリカの場合のほうがはるかに高い。つまり，「どちらかといえば日本人は利己的である」というこ

とである。

2）社会学における消費者行動論

社会学では，基本的に「集団行動研究」(group behavior research, team theory) である。

消費者は社会の一構成員として，種々の集団に参加または関係している。その結果，彼の行動は，集団の規範，役割，ステイタス（地位）によって影

図表2-7　準拠集団のタイプ

	会　　員	非会員
肯定的な態度	肯定的な会員集団	熱望集団
否定的な態度	拒否集団	分離集団

（出所）Assael, H. (1998), *Consumer Behavior and Marketing Action*, 6th ed., South Western, p.538.

図表2-8　準拠集団と製品／ブランド選択（１）

	製品 (−)	製品 (+)
ブランドまたは型 (−)	衣　服 家　具 雑　誌 冷蔵庫（型） 化粧石けん	自動車* たばこ* ビール（プレミアム対レギュラー）* 薬*
ブランドまたは型 (+)	石けん もものかん詰 洗濯石けん 冷蔵庫（ブランド） ラジオ	エアー・コンディショナー* インスタント・コーヒー* テレビ（白黒）

*印のすべての製品の分類は，実際の実験データーにもとづいている

（出所）Bourne, F.S. (1956) "Group Influence in Marketing and Public Relations," in Mich, A. A., *Foundation for Research of Human Behavior*, p.8.
（出典）三浦・来住（1974）、42頁。

響を受けることになる。消費者の購買行動は，一方において高度な個人的過程であるが，他方において集団が消費者の意思決定過程に重要な関連性をもつ高度な社会的に志向された過程であるといえる。

たとえば，近代的な規範をもつ集団の構成員は，伝統的な規範をもつ集団の構成員よりも，新製品の受容度がより高いことが示されている。このように，集団の構成員は，集団の価値を共有し，集団の規範的行動パターンに一致するよう行動するのである。

「集団」にはさまざまな形態のものがある。家族，準拠集団，社会階層，パーソナル・インフルエンスなどである。

集団と消費者行動の関係を分析したものとして，以下が挙げられる。

①家族（family）

家族の消長（ファミリー・ライフサイクル）と家計支出の関係を分析する。

②準拠集団（reference group）

図表2-9　準拠集団と製品／ブランド選択（2）

《公　的》

製品 ブランド	準拠集団の影響弱い	準拠集団の影響強い
準拠集団の影響強い	公的な必需品 影響：製品選択で弱く ブランド選択で強い 腕時計・自動車	公的な贅沢品 製品選択で強く ブランド選択でも強い スキー用品・ヨット
準拠集団の影響弱い	私的な必需品 製品選択で弱く ブランド選択でも弱い マットレス 冷蔵庫	私的な贅沢品 製品選択で強く ブランド選択で弱い TVゲーム ゴミ圧縮機

《必需品》　　　　　　　　　　　　　　　　　　　　　　　《贅沢品》

《私　的》

（出所）　Bearden, W. O. and M. J. Etzel（1982）, "Reference Group Influence on Product and Brand Perchase," *Journal of Consumer Research*, Vol. 9, p.185.

「準拠集団」とは個人の態度，意見，価値に影響を与える集団であり，彼が属したいと望んでいる集団のことをいう。したがって，準拠集団の行動基準は，個人にとっての行動の枠組―「**準拠枠**」（frame of reference）―となる。

準拠集団が消費者の購買行動に与える影響の仕方は一様ではない。したがって，マーケティング管理者にとって重要なことは，どの準拠集団が消費者行動にもっとも大きな影響力をもっているかを知ることばかりでなく，どのタイプの製品やブランドが準拠集団の影響を受けやすいかをはっきりと知っておくことが必要となる。

③**社会階層**（social class）

消費者の購買行動は，職業，学歴，収入，財産，家柄，社会的名声といった要因によって区分される社会階層によって影響を受けると考えられる。社会階層と消費者の購買行動との相関関係はいくつかの局面においてみられる。

第1は，**店舗選択と社会階層との関係**である。たとえば，（米国の場合）魅力的な「高級品店」では，自分がその店の「客層」としてふさわしくないと感じている低い社会階層にある消費者は，買い物をすることを避けるであろう。これは，消費者の階層帰属意識が彼の行動に強い影響を及ぼしているからである。その結果，消費者は，自分が属していると思う社会階層に適合した店舗を選択することになる。

第2は，**製品選択と社会階層との関係**である。たとえば，（米国の場合）労働者階層（この場合，トラックの運転手，高給の溶接工など〉は，中流または上流の階層よりも高価な家具や台所用品を購買する傾向が強く，また彼らは，自分たちは良い買い物をしているという確信をもちたいために，ナショナル・ブランドに対する高いロイヤルティを示す傾向のあることも指摘されている。

第3は，**情報の源泉や娯楽と社会階層との関係**である。たとえば，テレビ番組の視聴者についてみれば，教養番組や経済番組などの視聴者は，専門職や管理職についている人々が多く，それ以外の階層にいる人々はあまりそれらの番組をみないことは一般にみられる現象である。

このように，消費者の行動様式が社会階層の差異に応じて異なるという事実は，社会階層が，第6章で検討される「**市場の細分化**」のための重要な変数となることを示している。

④パーソナル・インフルエンス（personal influence）

パーソナル・インフルエンスは，個人が属している集団内部で，あるいは友人，隣人または他の個人間のコミュニケーションの源泉から生じる。消費者行動に対するパーソナル・インフルエンスのインパクトは，人により，製品によって異なる。

また，パーソナル・インフエンスの発現の仕方に関しては，「オピニオン・リーダー仮説」（opinion leader hypothesis）として提起されている。

すなわち，非人的源泉（マス・メディア）からのメッセージは，まず「オピニオン・リーダー」（opinion leader）に流れ，次にオピニオン・リーダーは，彼らが読んだり，見たり，聞いたりしたもの（すなわち，メッセージ）を，口頭（word-of-mouth）で彼らの追随者（follower）に伝えるのである。この仮説は，コミュニケーションの**2段階の流れ**（two-step flow of communication）として知られている。これを**1段階の流れ**（one-step

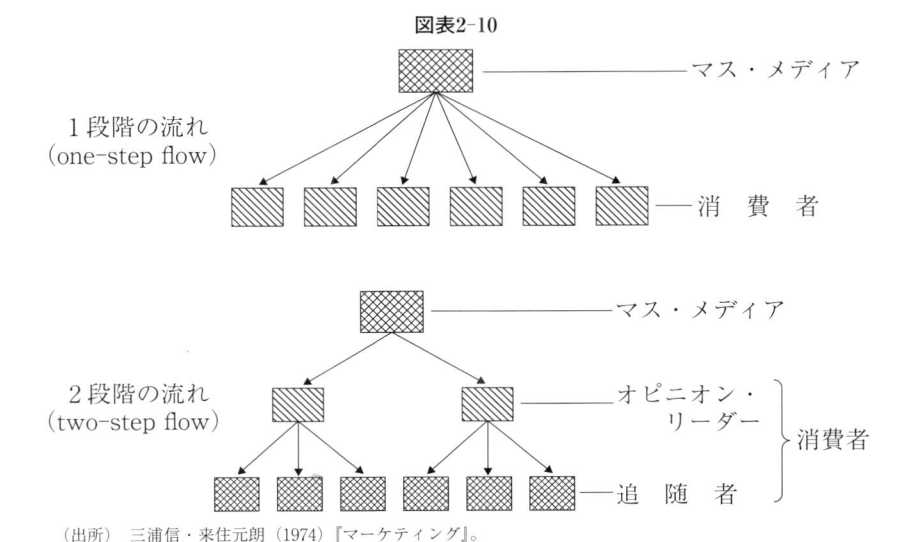

図表2-10

（出所）三浦信・来住元朗（1974）『マーケティング』。

flow）と比較して図示すると，前ページの図表2-10のごとくである。

3）心理学における消費者行動論

心理学では，「人々が生きていく上で欠かせない消費には，どのような心理的要因が関係するか」が問題である。

心理学における消費者行動研究のメーンストリームには，以下の二つの流れがあるとされている。すなわち，

① **意思決定論（心理学的研究）**：20世紀初頭から，モチベーション・リサーチ（購買動機調査）が始まる。まず，フロイト流の精神分析を応用して，単純な刺激─反応モデル研究から始まり，70年代には，情報処理型の意思決定プロセス研究，90年代には，情報の合理的な処理以外にも感情やイメージも意思決定に大きな役割を果たすという研究が盛んとなる。

② **解釈学的研究**：消費の意味を明らかにしようとするアプローチである。ダイヤモンドを買ったら奥さんとの関係をよくしようとか，何らかの意味がある。過去の消費経験や社会的，文化的背景も影響しているはずだ，といった意味づけを考える。

最近の消費者行動研究には，**行動経済学**：人間の不合理な経済行動に実証実験を通して法則性を見出す。**ニューロ・サイエンス**：これは「神経科学」のことであるが，消費者の意思決定を，脳の働きに即して理解・予測する。**進化心理学**：人の心理は進化スポーツカーを求める。「それは愛人の代わりになるからだ」という説，などがある。

(a)「行動モデル」に現れる心理的な構成概念：

前述された「ハワード＝シェス・モデル」が代表的なものである。

刺激（投入）と反応（購買）の間にある心理的状態（「知覚構成」と「学習構成」を合わせて）を「仮説的構成概念」（刺激の曖昧さ，公然とした探索，注意，知覚（偏向），動機，選択基準，態度，確信，意図，ブランド理解など）として導入されている。

このようなモデル・ビルディング方式は「行動科学的モデル」と呼ばれる

が，大半の学問分野（経済学を除く）における消費者行動の理論形成に採用されている。

そこにあらわれる概念を若干説明しておこう。

ⅰ）学習（learning）：

人間行動の基本的な過程であり，過去の経験によって生じる行動の変化を意味する。学習が人間行動の基本的な過程であるとすると，人々の購買行動もまた，学習過程に基礎づけられる。

ⅱ）パーソナリティ（personality）：

個人の行動上の反応の決定要因となる個人の内的および外的特性のパターンであると定義されている。それは個人が持っている考え方や性格のことである。

ⅲ）知覚（perception）：

ある対象についての個人の心理的な印象である。個人の目標志向行動は，彼の知覚によって影響を受ける。知覚とは，個人が彼の五つの感覚器官を通して受け取る刺激（感覚的刺激）に，過去の経験に基づいて何らかの意味づけを与えることである。

個人の知覚の形成には，次の三つの影響要因が作用すると考えられる。すなわち，

①刺激の物理的特質——刺激の形，音，色など

②刺激と刺激の背景との関係——刺激の距離，空間など（ゲシュタルト理論における「場」の概念にあたるもの）

③個人の内的状態——個人の学習経験，動機，態度，パーソナリティなど

このような要因が作用した結果，個人は，他人とは異なった方法で何らかの対象を知覚することになる。

ⅳ）知覚偏向（＝選択的知覚（selective perception））：

三浦・来住（1974）によると，「選択的知覚」は，次の三つの局面において，個人の内部に外部からの情報や評判が入ってくるのを妨げたり，迂回させたりするように作用している。それは，①メッセージへの選択的露出，②メッセージの内容のゆがみ，③選択的保持，の

三つの局面である。
- ①「選択的露出」(selective exposure)：個人が自己の既存の素地（意見，価値観，信念，など）と一致する刺激には露出するが，一致しない刺激は避けようとする傾向のことをいう。
- ②「メッセージのゆがみ」(distortion)；メッセージが個人に到達しでも，その意味は，当該の話題について の個人の素地に適合するような方法で，ゆがめられたり，知覚されたり，解釈されたりする。
- ③「選択的保持」(selective retention)：その話題に対する素地と一致すると思われるメッセージは容易に記憶されるが，一致しないメッセージはすぐに忘れられる傾向のことをいう。

このように，われわれは，自己に露出される刺激の一部分のみを知覚し，ついで選択的に知覚したものの一部のみを記憶し，最後に，選択的に記憶しているものの一部分のみに従って行動を起こすのである。

ⅴ）**態度**（attitude）：

ある特定の対象に対する概念，信念，習慣，動機の体系化である。態度とは，ある対象に対する個人の感情や行為傾向のことをいう。態度は一度形成されると固定化する傾向にある。

(b) **心理学の消費者行動仮説の例**：

ⅰ）**学習仮説**（learning hypothesis）：

学習過程の四つの基本的要素である，「動因，きっかけ刺激，反応，強化」を使って消費者行動を説明する。

- ①動因（drive）：反応を起こさせるための強い刺激
  - 1次的動因：生理的欲求（飢え，渇き，苦痛）　┐→頭痛がする
  - 2次的動因：社会的に志向される欲求（見栄, 名誉）┘
- ②きっかけ刺激（cue）：反応を起こさせるための弱い刺激
  - → 以前は，頭痛が，アスピリンで治った
- ③反応（response）：刺激を満たそうとする努力
  - → アスピリンを買いに行く

④強化 (reinforcement)：刺激と反応の間を強める
　　　　　　　　　→　アスピリンを何回も買いに行く

強化が強くなければ，特定のブランドを意識しない。強化が起こっていれば，他のブランドは入りにくい。

ⅱ）**精神分析理論** (psychoanalytic theory)：
フロイト (Sigmund Freud) の説で，人間のパーソナリティ構造の三つの構成要素である「イド，エゴ，スーパーエゴ」を使って消費者行動を説明する。
　①イド (id)：本能的動因，衝動的，反社会的
　②エゴ (ego)：イドの衝動力とスーパー・エゴの抑圧力との間の均衡を
　　　　　　　　保とうとする意識的，合理的なコントロール・センターと
　　　　　　　　なる。
　③スーパー・エゴ (super-ego)：倫理的，道徳的基準を受け入れ，本能
　　　　　　　　的動因を罪や恥を感じないように社会的に承認されたはけ
　　　　　　　　口に向けようとする人間の意識である。

モチベーション・リサーチ（動機調査）に適用されることが多い。消費者に購買のための社会的に承認される理由づけを与えなければならないときに，企業のマーケターによって，活用された。
　①なんでも消費する。消費は美徳である。（イド）
　③消費（浪費）をやめよう。倹約しよう。（スーパー・エゴ）
　②ある種の消費は必要である。（エゴ）

4）マーケティングの消費者行動論

マーケティングでは，「人は何を求めているか（消費しようとしているか），他の人のために如何なる事業を始めるか，どのような製品（サービス）を作るか」（事業創造の理論，ものづくり論→「企業学」）といった具合である。
「マーケティング」とは何かを考えるに際して，これに関わるいくつかの

重要な基本概念を説明しておく必要がある。特に,「企業」と「市場」は「マーケティング」を解釈する「キー（鍵）概念」である。

まず,「企業」とは何かである。これに相当する基本的な英語は「firm, enterprise」とか「business」である。「business（ビジネス）」とは,一般に,「営利を目的として,事業や取引に従事する人や組織」と訳出されるが,ときに「事業」そのものを指す場合もある。

「市場」という言葉は,「モノを売り買いする〈場〉」という印象を持たれている。経済学では,この場合の「モノ」として,「あらゆる個別の製品・サービス」ないし「ヒト,モノ,カネ,情報」が取り上げられ,また,それら「個々のものを取引する場としての市場」が想定される。

すなわち,経済学では,通常,「企業」（firm）は,個々の企業でなく,関連する企業全体をあらわす集計概念（あるいは,平均的企業概念）であるが,それらが対応する「物財・サービス市場」,「労働市場」,「金融市場」,「情報市場」等の個々の市場における取引特性やパフォーマンス（生じている成果など）が検討される。

これに対し,マーケティングで取り上げられる「市場」は,「消費者（購買者）の集まり（頭数）」のこととなる。

経営分野では,「企業」は,文字通り一つの会社（company）をあらわすが,一般に,個々の企業にとって,自社製品を購買してくれる人がいなければ,売上げもないし,利益もない。したがって,企業にとっては,自社の製品・サービスを購入してくれる人々がいてこそ,自社の存続・発展があり得るのだという認識がまずもって必要となる。消費者の欲求を満たすのは企業であるが,消費者の集まりとしての「市場」なくして企業は存在しえないということである。

①マーケティングと消費者行動

現在,マーケティングでは,市場（消費者集団）とのコミュニケーションを図ることが重要であることから,消費者に関してはいろいろな仮説が存在している。しかし,過去の成功体験に照らして提起されたものが大半というのが現状である。したがって,こういう原理・原則だからこういう仮説・理論が導き出されるのだ,というものになっていない。心理学,社会学など他

の研究分野の成果・業績を拝借したものになっているものが多い。

　一方で，モノづくりでは，「どこの誰が，何を，何時，どのようにして」（これはマーケティングの基本的課題ともいわれている）が基本であるので，それらを満たすため，「予測」ということがもっとも重要なものとなる。したがって現状では，マーケティングもその予測の観点から何とか消費者の意識や行動の現状や将来の変化を予測し，それらに的確に対応することを心掛けることが肝要となる。

②マーケティングにおける代表的な消費者行動仮説：

i) 消費者の反応喚起モデル

　消費者製品受容過程仮説とも呼ばれる。AIDAモデルは，消費者行動心理のプロセスを示す理論の一つであり，これによると，人の反応は「注目」(Attention)（テレビ広告などによって注意を引かれる），「関心」(Interest)（商品に対する興味を持つ），「欲望」(Desire)（商品を欲しいと思うようになる），「行為」(Action)（購買行動を起こす）の順で起こるとされる。このことから人は，広告や店頭などで商品に注目し，それへの関心を高め，さらには使用したいという欲望・欲求が喚起され，最終的に購買行動へとつながるとされる。

　また，「AIDAモデル」の変形として，欲望と行動の間に「記憶」(Memory)（商品やブランドを覚える）が入る「AIDMAモデル」，記憶の代わりに，「信頼」(Confidence)を入れた「AIDCAモデル」もある。

ii) タコとイカの仮説：

　人間の性格には，二つの側面（タコ（他己）とイカ（異化））が備わっていると考えるところからくるものである。「他己」は，他人と己（おのれ）を一緒にしたい（同じ物を食べたい，着たい，住みたい）ということであり，「異化」は，自分と他人とは違う存在であることを主張するものである。すなわち，

　　タコ：付和雷同型（blind following）：
　　　　　デュゼンベリーの相対所得仮説（relative income hypothesis），
　　　　　ガルブレイスの依存効果（デモ効果 demonstration effect），

　　　　　　　　　　　＝「バンドワゴン効果」（bandwagon effect）
　イカ：独立独歩型（independence）：
　　　　　自立心ある（self-reliance），人を信じない（cynical person），
　　　　　刹那的（momentary, transient）
　　　　　　　　　　　　　　　＝「スノッブ効果」（snob effect）

　社会全体として，どちらが強く出ているかの判断から，広告などに反映させる。

iii）認知的不協和仮説（cognitive dissonance）：（マーケティング，心理学）
　フェスティンガー（Festinger, 1957）は，フォードの新車の広告を最も熱心に見ていた人についての調査で，結局，その広告を見ていたのは，「最近その新車を買ったばかりの人」であったということが分かった。これを，「認知的不協和」の代表であるとした。つまり，人は，納得して購入したのに，購入したとたん，「それが良かったのか」という不安を感じはじめるのだという訳である。したがって，その不安を広告などで和らげてやる必要性があるというものである。「あなたは良い買い物をしましたね！」という具合にである。
　不協和の存在は，その不協和を低減させるか除去するために，なんらかの圧力を起こす。
　つまり，複数（通常は二つ）の要素の間に不協和が存在する場合，一方の要素を変化させることによって不協和な状態を低減または除去することができる。

iv）消費者意思決定過程（情報処理過程）仮説（consumer information

図表2-11

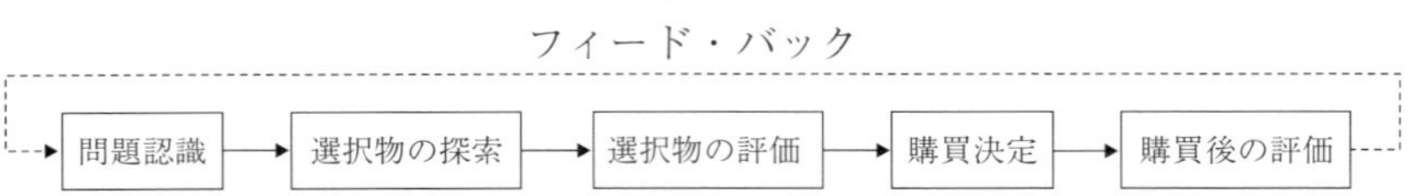

フィード・バック

問題認識 → 選択物の探索 → 選択物の評価 → 購買決定 → 購買後の評価

processing）：

　われわれは，前節までで消費者行動に影響を与えるいくつかの要因について考察した。本節では，それらの要因が消費者の意思決定過程にどのような関係があるかを明らかにする。そのためには，消費者の意思決定過程の概念と構造，機能を明確にする必要がある。

　消費者の意思決定過程は，図表2-11に示される五つの継起的な諸段階から成ると考えられよう。すなわち，①問題認識，②選択物の探索，③選択物の評価，④購買決定，⑤購買後の評価，の五つの段階である。

　これを具体化したものが図表2-12のBMEモデルである。

　また，経済的システムの流れで，行動科学的モデルを形成したものと考えられるものにアムスタッツ（1967）がいる。

　アムスタッツの場合は，消費者・小売店・生産者の交互作用の巨視的フローチャートを作り，個々の概念間に確率的な関係を築き，投入要素（象徴的，記号的，社会的）が産出要素（消費者の購買，意図，態度，ブランド理解，注意）を導く関係を置き，計算を容易にした。アムスタッツは，仮説的数値例も示している。

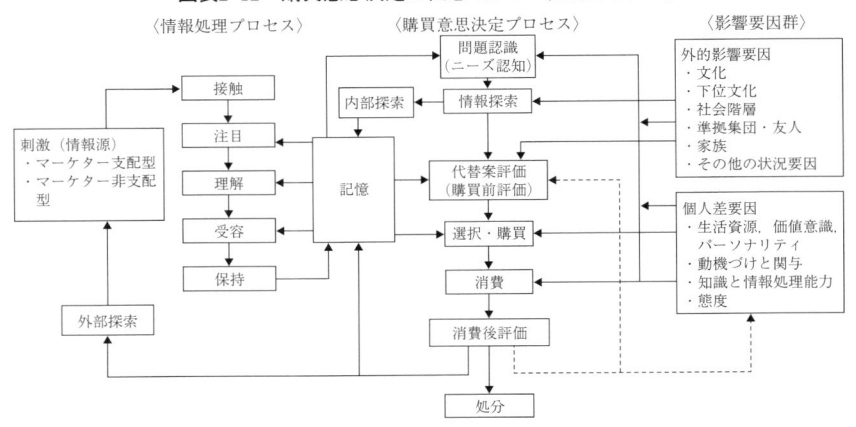

図表2-12　購買意思決定の概念モデル（BMEモデル）

〈情報処理プロセス〉　〈購買意思決定プロセス〉　〈影響要因群〉

問題認識（ニーズ認知）／内部探索／情報探索／代替案評価（購買前評価）／選択・購買／消費／消費後評価／処分

接触／注目／理解／受容／保持／外部探索／記憶／刺激（情報源）・マーケター支配型・マーケター非支配型

外的影響要因
・文化
・下位文化
・社会階層
・準拠集団・友人
・家族
・その他の状況要因

個人差要因
・生活資源，価値意識，パーソナリティ
・動機づけと関与
・知識と情報処理能力
・態度

（出所）　Blackwell, Miniard and Engel (2005), *Consumer Behavior*, p.85 を一部改正。
（出典）　青木（2011）63頁。

図表2-13　消費者・小売店・生産者の交互作用の巨視的フロー・チャート

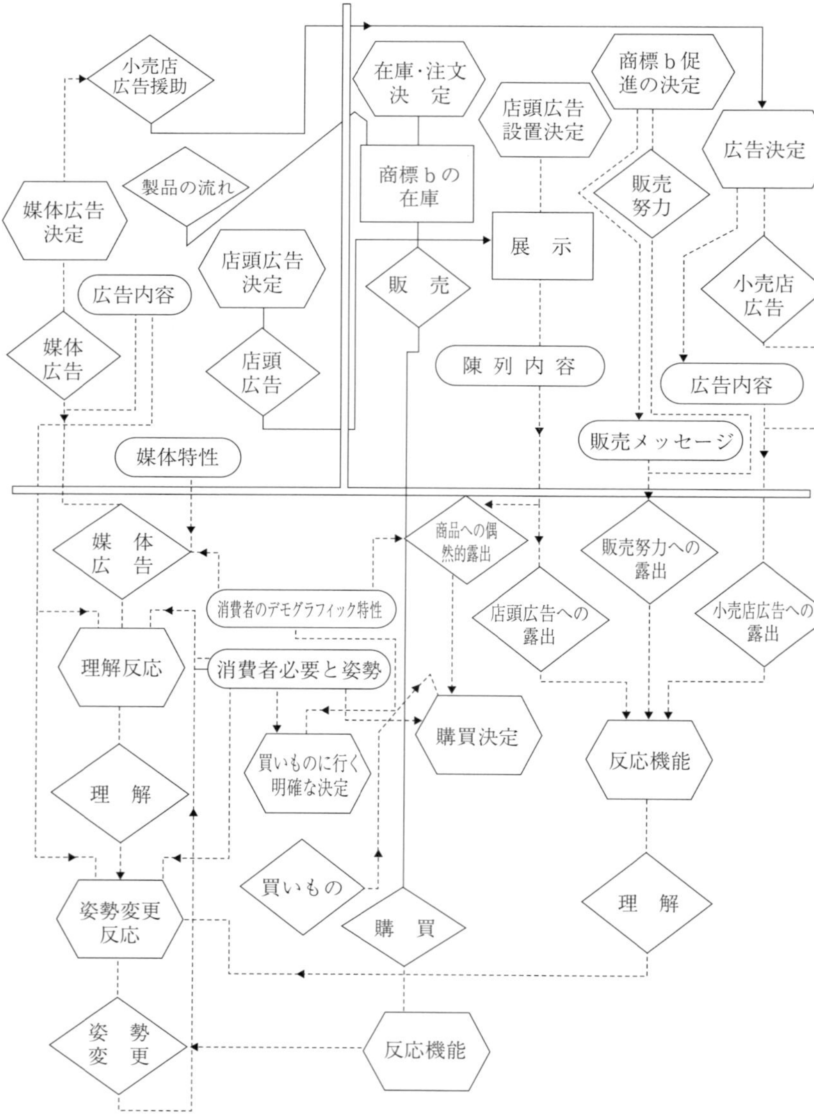

（出所）　アムスタッツ著（山下隆弘訳）（1969）『マーケティングの計量モデル』。

他に,「多属性態度モデル」,「数学モデル」なども考えられている。

このほか，文化人類学では,「人は，なぜ（生産や）消費をするのか」という観点から研究が」進められている。

以上のように,「消費者行動研究」では，消費者行動に対する要因・要素として「何が重要なものか」，をそれぞれの学問の立場から解き明かそうとしているのである。

❹ これからの消費者行動に対する理論形成の方向性

一般に,「消費者行動論」と題した書物がある。しかし一方で，これまで見てきたように，各学問分野において独自の消費者行動論が展開されている。しかしながら，現在のところ，いずれの学問でも未だ解決されたという話は聞かれない。

したがって，それらを統合したものができるかどうかは非常に困難を伴うことが予想される。つまり，各学問分野には，独自の概念，方法論，理論形成方法があり，それはそれで完結した理論となっているからである。

したがって，多数存在する理論を統合した「消費者行動論」として展開することは至難な業と考えられるのである。

例えば，マーケティングでは,「市場志向」という観点から，如何に消費者と直接対話しつつ製品作りをするか（また，製品を販売するか）が問題となる。したがって，その点から「消費者行動論」が必要とされ，そこでは，消費者と如何にコミュニケーションをとるか，が中心テーマとなっている。もとより，そのための方法論も必要としている。

しかしながら，その場合，心理学的な要素は，大いに考慮されているが，経済学的，社会学的要素についての配慮がやや薄くなってしまう傾向がある。他の学問分野についても同様である。

これからの「消費者行動論」には，如何に必要と考えられる多くの要素をバランスある形で盛り込んだ理論形成をしていくかが問われている。

主な参考文献

青木幸弘（2011）『消費者行動の知識』，日経文庫，p.63。（Blackwell, Engel, and Miniard (2005), *Consumer Behaviour*, South Western. を参照した）

阿部周造編著（2001）『消費者行動研究のニュー・ディレクションズ』，関西学院大学出版会。

黒田重雄（1982）『消費者行動と商業環境』，北海道大学図書刊行会。

篠原三代平（1958）『消費関数』，勁草書房。

田中洋（2008）『消費者行動論体系』，中央経済社。

ホリオカ，チャールズ・ユウジ（2002）「日本人は利己的か，利他的か，王朝的か？」『現代経済学の潮流2002』（日本経済学会誌），東洋経済新報社，23-45頁。

三浦信・来住元朗（1974）『マーケティング』（現代経済学全書），ミネルヴァ書房。

Amstuts, A. E. (1967), *Computer Simulation of Competitive Market Response*, M.I.T. Press.（山下隆弘訳（1969）『マーケティングの計量モデル』，新評論）

Duesenberry, J.S. (1949), *Income, Saving, and the Theory of Consumer Behavior*, Harvard University Press.（大熊一郎訳（1955）『所得・貯蓄・消費者行為の理論』（現代経済学選書），巌松堂出版）

Duncan, J. (2010), *How Intelligence Happens*, The Science Factory Limited.（田淵健太訳（2011）『知性誕生』，早川書房）

Ehrenberg, A.S.C. (1972), *Repeat Buying: Theory and Applications*, North-Holland Publishing Co.

Friedman, M. (1957), *A Theory of the Consumption Function*, Princeton University Press.（宮川公男・今井賢一共訳（1961）『消費の経済理論』，巌松堂）

Festinger, L. (1957), *Theory of Cognitive Dissonance,* Stanford University Press.（末永俊郎訳（1965）『認知的不協和の理論・社会心理学序説』，誠信書房）

Herbert A.S. (1970), *Models of Man*, John Wiley & Sons, Inc.（宮沢光一監訳（1970）『人間行動のモデル』，同文舘出版）

Hicks, J. R. (1939), *Value and Capital,* Oxford: Clarendon.（安井琢磨・熊谷尚夫訳（1951）『価値と資本』（全2巻），岩波書店）

Hicks, J. R. (1956), *A Revision of Demand Theory,* Oxford: Clarendon.（早坂忠・村上泰亮訳（1958）『需要理論』，岩波現代叢書）

Houthakker, H.S. and L.D.Taylor (1966), *Consumer Demand in the United States,1929-1970*, Harvard University Press.（黒田昌裕・西川俊作・辻村江太郎共訳（1968）『消費需要の予測―1929-70年のアメリカ経済―』，勁草書房）

Howard, J.A. (1963), *Marketing : Executive and Buyer Behavior*, Columbia University Press.（三浦一訳（1967）『新しいマーケティングの理論―経営者と購買者行動―』，ダイヤモンド社）

Katona, G., B.Strumpel and E.Zahn (1971), *Aspirations and Affluence*, McGraw Hill.（石川弘義・原田勝弘訳（1977）『欲望の心理経済学』，ダイヤモンド社）

Keynes, J.M. (1936), *The General Theory of Employment, Interest and Money,* Harcourt, Brace and Co.（塩野谷九十九訳（1941）『雇用，利子および貨幣の一般理論』，東洋経済出版社）

Massy, W.F., D.B. Montgomery and D.G. Morrison (1970), *Stochastic Models of Buying Behavior*, The M. I. T. Press.

Modigliani, F. and R.E.Brumberg (1954), "Utility Analysis and the Consumption Function: An Interpretation of Cross Section Data," in Kurihara, K.K. (ed.), *Post Keynesian Economics*, Rutgers University Press, pp.388-436.

Samuelson, P. (1947), *Foundations of Economic Analysis*, Harvard University Press.（佐藤隆三訳（1967）『経済分析の基礎』, 勁草書房）

Samuelson, P. (1948), *Economics*, McGraw-Hill.（都留重人訳（1966）『経済学―入門的分析―（上）・（下）』, 岩波書店, 1966年-1967年）

Sheth, J.N. (1974), *Models of Buyer Behavior: Conceptual, Quantitative & Empirical*, Harper & Row Publishers.

Smith, A. (1776), *An Inquiry into the Nature and Causes of the Wealth of Nations*, 5th ed., London.（水田洋・杉山忠平訳（2000）『国富論（1）（2）（3）（4）』（第5版（1789年）の訳），岩波文庫）

第3章

消費者行動とリサーチ

学習の要点
①企業において，消費者を知ることがより大切になってきていることを理解する。
②調査手法の種類とそれぞれの特徴を理解し，適切に用いることができる。
③データ解析に用いる統計的手法を理解し，適切に用いることができる。
④消費者行動研究をもとに質問票を作成することの重要性を理解する。

キーワード
マーケティング・インテリジェンス・システム，マーケティング・リサーチ，調査方法，統計的手法

❶ リサーチについて

　技術革新の速さと製品のライフサイクルの短縮化，消費者意識の多様化，新興国企業の成長など，様々な要因によりビジネス環境は不確実で不透明なものになってきている。こうした中，企業はより良い意思決定を行うために様々な情報を収集することが必要になる。

　これまでの章で消費者行動についての理論的考察が行われた。企業にとって，消費者を理解することは重要である。「誰に」，「いつ」，「どこで」，「どのように」，そして「どのような」商品を製造・販売するのか。この五つの課題は企業の永遠のテーマである。このような課題を理解するための調査を一般にマーケティング・リサーチ（あるいは省略して，リサーチと呼ぶこともある）と呼ぶ。コトラーとケラー（Kotler and Keller, 邦訳, 2008）は「企業が直面する特定市場の市場状況に関するデータと調査結果の体系的なデザイン，収集，分析，報告である」と説明した。先の五つの課題に対して，論理的で合理的に，そして説得力のある結果を得るための活動といえる。

　マーケティング・リサーチの考え，および方法論は米国を中心に発展してきた。今日では情報化の進展により，顧客情報，取引先情報，そしてそれに関する取引情報などのデータ収集および解析するシステムを保有する企業も数多く確認されるようになった。マーケティング情報システム（Marketing Information System），あるいはマーケティング・インテリジェンス・システム（Marketing Intelligence System）と呼ばれるものである。昨今，BI（Business Intelligence）と呼ばれるものはその発展形にあるといえる。

　BIは1989年に米国の大手調査会社のガートナー社が提唱した概念であり，社内の業務システムなどからもたらされる膨大なデータを蓄積・加工・分析することで，企業の様々な意思決定に活用できる情報や知識を生み出す仕組みや活動のことである。専門家に頼らず，自らが売上分析，利益分析，顧客動向分析などを行えるものも確認されており，データ解析のための基礎的知識はビジネス・パーソンにおいて必要不可欠なものになってきている。

　しかし，消費者という観点からいえば，このような社内のシステムは既存

顧客である消費者のデータしか扱うことができない。調査会社が数多く存在する所以である。

いずれにしても，不確実性の高い今日において，最終顧客である消費者を理解することは重要なことである。経験や勘だけに頼った判断では大きな失敗につながる可能性が高い。今日の企業にはデータに基づいた科学的な分析を用いることが求められている。

❷ 調査の手順

調査を実施する手順については，図表3-1に示す。

調査を実施する際は，まず「何を明らかにしたいのか」といった問題の明確化や整理をしておく必要がある。詳細については次節以降で述べるが，調

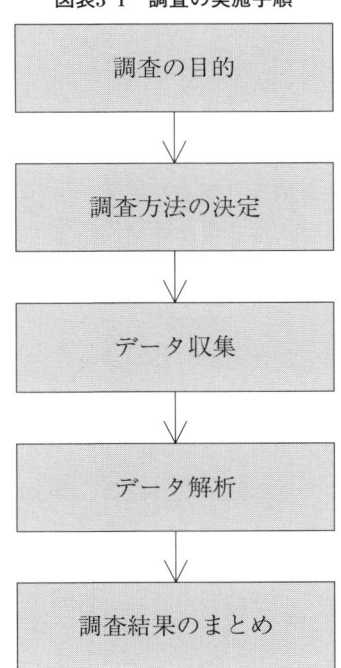

図表3-1　調査の実施手順

調査の目的
↓
調査方法の決定
↓
データ収集
↓
データ解析
↓
調査結果のまとめ

査をするにあたって，調査対象の選定，質問事項，分析手法などをあらかじめ考慮しておく必要がある。調査をする目的に従って，それらの手法が決定することから，問題を明確化しておかなくてはそれぞれで不整合をきたす恐れがある。それに加えて，多くの場合，調査は複数人で実施することが多い。調査の目的，明らかにしたいことなどを文書化し，問題意識を調査メンバーで共有しておくことが大切である。

　調査方法の決定では，調査の目的を達するために新たにデータ収集する必要があるのか，すでに別の目的で収集されたデータを援用することが可能なのかを検討する必要があるだろう。

　この場合の前者を一次データ，後者を二次データと呼ぶ。

a. 一次データ

　一次データの収集には，リサーチ会社等に委託する方法や社内の調査担当部門等が実施する方法がある。

　収集のしかたには，聞き取り調査および観察調査があげられる。

① 質問法（非観察法）

　　回答者の考えや意図，動機付けなどについてのデータを収集する場合，質問による聞き取りをすることになる。その場合，回答者を誘導するような質問のしかたにならないように注意する必要がある。

　　本章では聞き取り調査に関する事柄を中心に説明している。また聞き取りにはグループ面接あるいは個人面接（質問票の提示を含む）による方法があるが，断りがない限り個人面接を念頭に置いている。

② 観察法

　　観察調査とは観察対象者の行動を記録することである。

　　たとえば，店舗内のレイアウトや陳列などを改善する場合に，店舗を利用する顧客の店舗内での移動のしかた，立ち止まる箇所，手に取り比較するモノなどを記録する。実際に購買に至るまでの行動を具体的に知ることができる半面，その行動に至る動機づけや観察対象者の価値観，考え方などを知ることはできない。また多くの観察対象者のデータを収集することも難しいことなど，いくつかの問題も内包している。

b. 二次データ

　二次データについてはその出所とそのデータの収集目的，どのような形式で収集したのかを知ることが重要である。信頼できる機関（団体組織）が収集したものであることはもちろんではあるが，そのデータをどのような目的で収集したものなのか，聞き取り調査ならば調査対象はどういう人たちなのかを知る必要がある。また質問票によるものであれば，実際の質問票も確認した方が良い。

　いずれにしても二次データは目的としている調査とは異なる目的で収集したものであるため，往々にして知りたいことのすべてを知り得ないことを理解しておかなければならない。

① 内部データ

　　社内にも数多くのデータは存在する。代表的なものに財務諸表があり，それに関連したものとして部門ごとの財務データなども入手することが可能である。それ以外にも取引先や顧客に関するデータ，取扱商品ごとの販売データなどがある。

　　こうしたデータはそのままでは利用できないことが多い。紙ベースのものであれば，あらためてデジタルデータにしなければデータ解析ソフトを用いることはできないし，すでにデジタルデータのものであっても，目的に従って加工しなければならない。

② 外部データ

　　一般には公的機関（各府省庁あるいはその外郭団体，自治体，各業界団体など）の調査データがあげられる。刊行物，報告書等の形式で公表されているが，現在ではその多くがインターネット上の公的機関のサイトから入手することが可能である。

　　外部データの多くは，加工後の整理されたデータである場合が多く，加工前データ（raw data）は入手できないことが多い。そのため，加工されたデータが恣意的に整理されている可能性もある。外部データを使用する場合は，先に述べたように調査の目的などをよく吟味して使用することが重要である。

次に当該調査で使用する主要な統計的分析法をある程度検討することが必要になる。分析法にはそれぞれ適したデータ形式があり，質問票（アンケート用紙）を作成する場合には回答結果がそうしたデータ形式に適合するように作成しなければならない。統計的分析法については次節以降で説明するが，詳細については統計に関する専門書を参照してもらいたい。

このような過程を経て，どのような質問内容にするのか（質問票の作成法），誰に対して行うのか（調査対象の選定），どのようにアプローチするのか，そして得られたデータをどのような方法で分析するのか（分析法）を検討することになる。

❸ 調査方法とデータ収集

（1）標本対象者への調査方法

先に述べたが一次データの収集方法としては質問法（非観察法）と観察法がある。観察法は調査対象に対し，観察者の五感を活用し，記録するものである。観察者の能力に大きく左右されることも多く，適切な知識と訓練を必要とする。観察者の価値観や思い込みなどによって正確さに欠けないように注意しなければならない。

以降，質問法について述べる。

①面接法

実際に調査対象者と対面し，あらかじめ用意した質問票に回答してもらう。

多くのデータを集める場合，一般に複数の調査員を必要とすることから調査員の訓練やそれに関わる費用が必要になる。十分に訓練されていれば，調査対象者と相対して回答してもらうため回答の信頼性は高いといえる。

②電話法

電話により，回答者に質問し，回答してもらう。

面接法よりも簡便ではあるが，相対せずに質問および回答するため，疑わしい回答も含まれる可能性が面接法よりも高い。実際に面接法よりも回答に偏りが大きくなることが確認されている。

③郵送法

質問票を郵送し，回答結果を返信してもらう。調査対象地域が広い場合，調査員を派遣する面接法よりも費用が安くなる。また電話法による回答よりも信頼性は高いといわれている（送信用，返信用などの郵送代は必要になり，費用面では電話法よりも高価になる）。ただし，面接法，電話法よりも回収率も低く，回収の割合は若年者層よりも高齢者層の方が多くなる傾向が確認されている。こうしたことを考慮し，実施する必要がある。

④インターネット

Webページやメールなど，インターネットを利用したものである。

調査地域まで調査員を派遣する必要がないこと，一時に幅広い地域に対して調査できること，回収したデータをあらためて入力しなおす必要もないことなど，調査費用や調査時間を抑えることができることから，昨今注目されている質問法である。採用している調査会社も多い。

しかし，匿名性の高いインターネット内で実施するため，これまでの調査方法と比較して信頼性の面において低いと指摘する意見もある。「同一人物が複数回の回答をしていないのか」，「インターネット利用者には年代や収入などの面で偏りが確認される」などの指摘も多い。

将来的には高い可能性を感じるが，現状において担保すべき課題も多く，調査方法として主流にはない。

（2）質問票の形式

質問項目の決定は慎重に行わなければならない。

これまでの消費者行動研究から購買行動への影響要因として，文化的要因，社会的要因，個人的要因，心理的要因が挙げられている。よって，購買行動について広く理解したいと考えるならば，これらの事柄に関する質問を用意する必要がある。

このように消費者行動に関する調査を実施する場合，これまでの消費者行動研究で明らかになっている事柄をサーベイすることが必要になる。質問票を作成者の思いつきや思い込みで作成すれば，偏った結果になってしまい，分析結果の妥当性は失われてしまう。

前節では，先にあらかじめ統計的分析法を検討しておく必要があると説明した。以下に質問票の回答法を説明する。回答法には「形式的回答法」と「自由回答法」がある。

1) 形式的回答法
① 2肢選択法
「はい」「いいえ」のような二つの選択肢から回答を選択してもらう方法である。2択であることからデリケートな違いを見ることはできないが，複数の質問項目を組み合わせることで回答者の分類を行うことができる。

② 多肢選択法
三つ以上の選択肢から回答を選択してもらう方法である。回答を一つに制限する単一回答法，回答を複数選択してもよい無制限複数選択法，複数選択してもよいが選択数に制限がある制限付き複数選択法（たとえば，「あなたが好きなものを最大三つまで選択してください」などという質問法）がある。それ以外には以下のようなものがある。

● 意味尺度法
・リッカート尺度法（Likert Scales）
　質問文に対して「非常に同意する」，「やや同意する」，「どちらともいえない」，「あまり同意しない」，「まったく同意しない」のような段階的回答を求める。「どちらともいえない」の回答を除き4段階にする場合や7段階にする場合などもある。

・SD法（Semantic differential scales）
　「力強い－弱々しい」，「明るい－暗い」，「やる気がある－やる気がない」などのように，相反する形容詞の対を両極に置き，リッカート尺度法と同様に5段階あるいは7段階で回答を求める。

　一般に回答者は極端な回答を避ける傾向があり，中間にある「どちらともいえない」を中心に前後する回答を選択することが多い。こうした回答は実態とは異なる歪みが生じる場合もあることを付け加えておく。

●順位法
　提示した項目のそれぞれに，順位付けした回答を求める（順位相関係数を用いる分析などに使用される）。
●評点法
　提示した質問に対して，10点満点，100点満点，あるいは「優」「良」「可」「不可」などの評価付けした回答を求め，回答者の意識や評価を尋ねる方法である。

2）自由回答法
●完全自由回答法
　回答者に自由に記述してもらう回答法である。
●動機調査法（モチベーション・リサーチ）
　深層意識化にある動機を取り出すための心理学的手法をマーケティングに応用したものである。訓練された面接者によって実施しなければ適切な調査を行うことは困難である。
・深層面接法
　面接者と回答者が1対1で実施する。容易に語れない／語らない部分について面接技法を通じて接近する。非言語コミュニケーションも重要であり，面接者には専門的知識や訓練が必要である。
・集団面接法
　グループインタビューとも呼ばれる。複数名の参加者に対して，司会が話題を提供し，話し合いをしてもらう。回答者の互いの会話を通じて話題を発展させることが可能である。そのためには参加者が気持ちよく発言できる雰囲気を司会者が作る必要がある。

（3）調査対象の決定

　調査する場合，調査対象者（回答者）を選定しなければならない。それには大きく分けて，全数調査（悉皆調査）と標本調査がある。

1）全数調査（悉皆調査）

調査対象のすべての人を調査することである。もちろん，正しく実施できれば正確な結果を得られる。しかし，ほとんどの場合，費用，時間の関係から実施することは困難である。

2）標本調査

母集団とは調査をする集団のすべての対象を示す。すなわち先の全数調査とは，母集団のすべてを調査することである。その母集団の一部分を調査することを標本調査と呼ぶ。すべての調査対象の中から，一定数の標本（sample）を抽出し（標本抽出（サンプリング）と呼ぶ），調査することである。

標本調査は母集団の一部分であることから誤差（標本誤差）が生じるが，統計的な合理性のもとで偏りの少ないサンプリングが行えれば，調査対象の特性を推定することができると考えられている。全数調査と比較して，費用，時間も少なくできるため，ほとんどの調査では標本調査が用いられている。

母集団からどのようにサンプリングし，どのように統計量を計算すべきかを研究するのが，記述統計学（descriptive statistics）であり，そうした統計量と母集団のパラメータとの関連性を研究するのが推測統計学である（図表3-2）。

この標本抽出には，確率抽出法と非確率抽出法がある。確率抽出法は無作為抽出法（ランダム・サンプリング：random sampling）とも呼ばれ，そこから得られたデータ（統計量）が母集団の状況とみなす。非確率抽出は有意抽出法とも呼ばれ，調査目的から意図的に選ぶ方法である。この方法はその標本誤差について統計的な評価ができないという問題がある。

以降では，標本調査の代表的な手法を紹介する。

●確率抽出法（無作為抽出法）
　①単純ランダム・サンプリング
　　　乱数表を引くなどして抽出する。たとえば，100人の標本が必要であれば乱数表から100人分を取り出し，調査対象者を決定する。

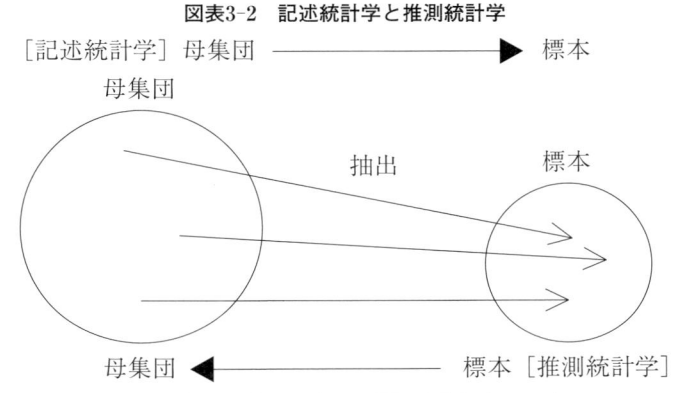

図表3-2 記述統計学と推測統計学

［記述統計学］母集団 ──────────▶ 標本

母集団　　　　　　抽出　　　標本

母集団 ◀────────── 標本［推測統計学］

出所　黒田重雄他（2007）『市場志向の経営』，千倉書房，265頁。

②系統抽出

　標本数が多くなれば，単純ランダム・サンプリングでは手間がかかる。そこで，最初の標本を，たとえば乱数表で選び，それ以降は一定間隔で抽出を行う。

③層化抽出

　単純ランダム・サンプリングでは，調査の重要な項目について誤差が大きくなってしまう恐れがある。そのため，あらかじめ母集団をいくつかの層に分類しておき，それぞれに対してランダムにサンプリングする。

④多段抽出

　たとえば，調査範囲が広い地域に分散している場合，調査する地区をランダム・サンプリングし，さらにその中から調査対象者をランダム・サンプリングする。このような抽出法を多段抽出と呼ぶ。なおこの例の場合は2段階無作為抽出と呼ぶ。

⑤集落抽出

　母集団を均質になるようにいくつかの小集団に分け，その中の一つをランダム・サンプリングで選択し，全数調査を行う。

●非確率抽出（有意抽出法）
①便宜的抽出
　　通行人，あるいは来店客に対して調査を行う手法である。当然のことながら，調査結果については偏りが起こりやすく，信頼性が低いといえる。
②判断抽出（judgement sampling）
　　当該調査および調査対象について詳しい専門家や実務家のアドバイスを受けて，母集団の中から代表的な標本を抽出する。調査対象者の選定の手間が省けることによって，調査に関わる費用，時間を抑えることができる。マーケティング関連のリサーチでは，確率抽出法に基づく場合とほとんど変わらない結果が得られることから，非確率抽出法の中では最も利用されている。

　標本調査では母集団を合理的，理論的に説明するため，原則的に確率抽出法が採用されるが，マーケティング・リサーチの場合は予算，時間の都合から非確率抽出法を用いることも往々にして見られる。

3）標本の信頼性

　標本による調査を実施する場合，どの程度の標本が必要なのか，またその結果が母集団をどの程度正しく表しているのかは重要な論点となる。標本から得られた比率と母集団の比率には誤差が生じることは容易に想像できるだろう。
　調査に必要な標本数については，統計理論に基づいて求めることができる。
　標本が十分に大きければ，標本の分布は正規分布に近づくことが知られている。これを中心極限定理と呼ぶ。この正規分布からみた分布のばらつきが誤差となるが，このばらつきの平均をとったものが標準誤差である。たとえば，標本比率の標準誤差は以下のような式で表される。

$$標本比率の標準誤差 = \sqrt{\frac{N-n}{N-1}\frac{P(1-P)}{n}}$$

$N = $ 母集団全体の数
$n = $ 標本数
$P = $ 母集団の比率

ところが実際にリサーチをする場合，あらかじめ母集団の比率や平均はわからない。そのため，標本の比率や平均をもとに信頼区間の概念を用いることになる。信頼度95％の場合の信頼係数は1.96，99％の場合の信頼係数は2.58であることは知られている。

母集団比率の信頼区間（信頼度95％）：

$$p - 1.96\sqrt{\frac{N-n}{N-1}\frac{p(1-p)}{n}} < P < p + 1.96\sqrt{\frac{N-n}{N-1}\frac{p(1-p)}{n}}$$

以上のことから，たとえば母集団が100万人であったとしても，信頼度95％であれば，標本数は1500程度もあればよいことが計算から求められる。

❹ データ解析の方法

(1) データの種類

データの種類には大きく，量的データ（定量的データ）と質的データ（定性的データ）の二つがある（図表3-3）。量的データとは実社会で数値として表されているもので，重さ，長さ，金額などの計算されるものや大小比較されるようなものである。その中でも基準になるものがなく数値同士の差に意味を持つものを間隔尺度といい，基準値が明確で数値同士の比率などにも意味を持つものを比例尺度という。

それに対して，質的データとは日常生活の中で言葉として表されているものである。こうした質的データも便宜的に数値を使用することで統計的処理が可能となる。たとえば，性別を「1：男性，2：女性」，所属する学部を「1：経済学部，2：経営学部，3：社会学部，……」を表す。こうした質的データを特に名義尺度と呼んでいる。また好きな食べ物を順に「1：カレーライス，2：かつ丼，3：から揚げ定食，4：ハンバーグランチ」のように順位をつける場合は特に順序尺度と呼ぶ。

マーケティング・リサーチでは調査した結果をもとに解析することが求められるが，それには統計的処理が必要になる。量的データはもちろんのこと，先に述べたような性別などの言葉として表されているものを数値として取り

図表3-3　データの種類

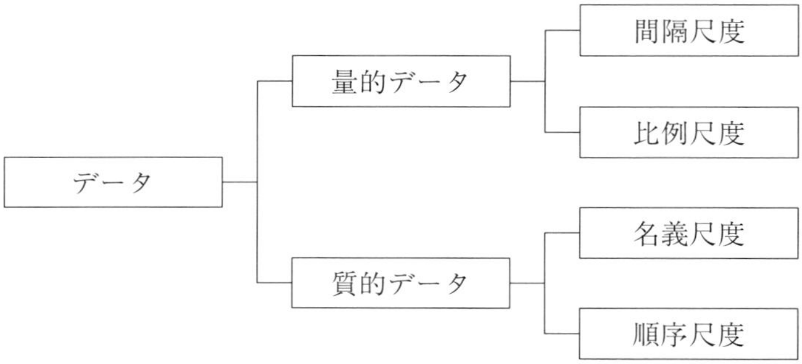

```
データ ─┬─ 量的データ ─┬─ 間隔尺度
        │              └─ 比例尺度
        └─ 質的データ ─┬─ 名義尺度
                       └─ 順序尺度
```

扱い（ダミー変数と呼ぶ），統計的処理を行うことができるように考慮しなければならない。

　こうした質的データを取り扱う代表的な手法に統計数理研究所元所長の林知己夫氏が提唱した数量化理論があげられる。数量化理論では，「はい／いいえ」，「（所有）有／無」などの質的データを先に述べたような形で数値化することで相互間の関係を解析する手法である。数量化理論にはⅠ類～Ⅳ類がある。一般に量的データを用いる回帰分析，判別分析，主成分分析に対し，質的データを数値化することによってそれらと同様の分析を行うことが可能になる。

　数量化理論と同様に質的データを扱う分析手法として，コレスポンデンス分析（対応分析），等質性分析などがある。

　以下にマーケティング・リサーチでよく使用されるデータ解析の手法について紹介するが，詳細についてはそれぞれ統計学の専門書をご覧いただきたい。

(2) 統計的分析の手法

1) 1変量の統計的処理
　①中心を測る尺度
　（a）平均

a．算術平均（相加平均）

以降で説明されるように平均にもいくつかの種類がある。一般に平均と呼ばれる場合には算術平均を示している。

標本空間が $\{x_1, x_2, \cdots\cdots, x_{n-1}, x_n\}$ のとき，算術平均 $\bar{x}$ は以下のように定義される。

$$\bar{x} = \frac{1}{n}\sum_{i=1}^{n} x_i$$

b．加重平均

値に重みが確認される場合，その重みを加味して平均する。各値 X_i に重み W_i があるとき加重平均は以下のように定義される。

$$x_w = \frac{\sum_{i=1}^{n} w_i \cdot w_i}{\sum_{i=1}^{n} w_i}$$

c．その他の平均

これらの他に相乗平均（幾何平均），調和平均などがあり，成長度合いの平均を求めるときは相乗平均が，速度の平均を求めるときには調和平均が適している。

(b) 平均以外の中心を測る尺度

a．メジアン（中央値）

データを昇順あるいは降順に並べた後，中央にある値である。データ数が偶数の場合は中央にある二つの値の平均の値になる。

b．モード（最頻値）

データ群の中で最も多く出現するデータの値である。

②散らばりを表す尺度

a．レンジ（範囲）

データ群の中の最大値と最小値の差のことである。

b．偏差

母集団に属する値とその母集団の平均値との差のことである。

$$x_d = x_i - \bar{x}$$

c. 標本分散
統計的処理を行う場合，標本が標本平均からどの程度散らばりがあるかを示す指標の一つである。

$$S^2 = \frac{1}{n}\sum_{i=1}^{n}(x-\bar{x})^2$$

その他に使用される分散に不偏分散がある。

d. 標準偏差
母集団の値の散らばり具合を表す指標の一つである。

$$S = \sqrt{s^2}$$

2）2変量以上の統計的処理（多変量解析）
a. 相関分析
相関関係とは二つ以上の変数があり，一方の変数の値が変化した場合に他方の変数の値もそれに応じて変化する関係にあることをいう。相関分析とはそれぞれの変数間に線形関係があるのか，またどの程度の関係の強さがあるのかを分析することである。そしてそれぞれがどの程度の関係を持つのかを示す係数を相関係数といい，−1〜＋1までの値をとる。

一般に相関係数と単に呼ぶ場合，ピアソンの積率相関係数を示している。ピアソンの積率相関係数は母集団が正規分布にあることを仮定したものであり，仮定を置かないものとしてはスピアマンやケンドールの順位相関係数などがある。ケンドールの順位相関係数の例については，第9章を参照願いたい。

b. 回帰分析
回帰分析は予測あるいは要因の分析等で用いられる。

変数間の関係について式を用いて表し，それぞれの変数間の関係を説明する分析手法のことである。この式のことを回帰式と呼ぶ。これを用いることで，一方の変数（説明変数，あるいは独立変数と呼ぶ）の値が決定することによりもう一方の変数（目的変数，あるいは従属変数，外的基準と呼ぶ）の

値を推定できる。

　説明変数が一つの場合を単回帰分析，説明変数が二つ以上ある場合を重回帰分析と呼ぶ。

$$単回帰式：y = ax + b\ (x：説明変数,\ y：目的変数)$$
$$重回帰式：y = a_0 + a_1x_1 + a_2x_2 + \cdots\cdots + a_nx_n$$

重回帰分析については，第9章の事例を参照願いたい。

c．判別分析

　データを分類（グループ分け）する目的で用いられる。判別分析では事前にどのグループに属しているか明らかな標本があることが前提にあり，それをもとに対象となるデータがどのグループに属するかを推定することになる。

　判別分析には線形判別関数を用いる場合とマハラノビス平方距離を用いる場合がある。説明変数が質的変数の場合は数量化理論第II類を用いることになる。

d．クラスター分析

　データを分類（グループ分け）する目的で用いられる。様々なデータの中から似通っているもの同士（データ間の距離や相関係数による）で，いくつかのグループに分類する。そのためクラスター分析と呼ばれる。クラスター分析には階層クラスター分析と非階層クラスター分析がある。デンドログラム（樹形図）や散布図によって表現する。

　判別分析はあるデータがすでにグループ分けがなされており，どのグループに属するかを推定するものであり，クラスター分析は未だ明らかにされていないグループを発見することにある。

e．因子分析

　因子とは何らかの原因となるものを構成する各要素のことである。因子分析とは測定することができない因子（潜在的因子）が存在し，それが直接観測できる因子（変数）に影響を与えていることを前提に，潜在的因子を探り得るための手法である。

　第8章に因子分析の例を示した。

f．主成分分析

　いくつかの観測した変数を合成し，それから観測した変数の特性を探り得

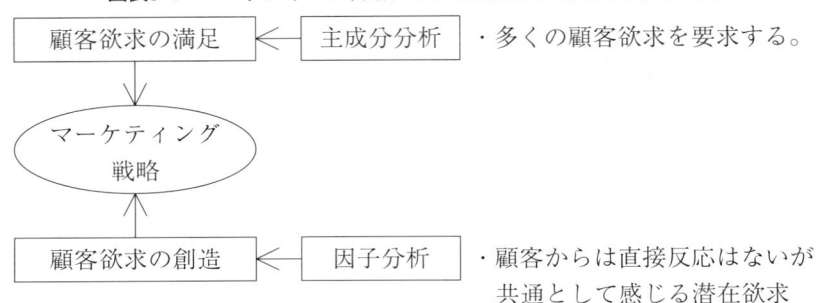

図表3-4　マーケティング戦略における主成分分析と因子分析の例

```
顧客欲求の満足  ←  主成分分析    ・多くの顧客欲求を要求する。
      ↑
 マーケティング
    戦略
      ↑
顧客欲求の創造  ←  因子分析     ・顧客からは直接反応はないが
                              共通として感じる潜在欲求
```

（出所）　清水功次（1998）『マーケティングのための多変量解析』，産能大学出版部。

る手法である。観測した変数の特性を主成分と呼び，観測した変数を2個あるいは3個の主成分に要約して表現するのが一般的である。

　因子分析との違いは，因子分析が観測した変数が合成量であることを前提に，潜在的因子を得るものであり，主成分分析は観測した変数を合成することにある。図表3-4は主成分分析と因子分析の違いを表した図である。主成分分析は多くの顧客の顕在化している意識からその本質的なものを明らかにする。それに対して，因子分析は顧客の潜在的意識を探索することにある。

　主成分分析と因子分析は似通っていると思われがちであるが，その手法の考えは大きく異なる。

g．仮説検定

　単に検定とも呼ばれる。仮説を想定し，その仮説が成り立つのか，あるいは成り立たないのかを統計的手法を用いて確認する手段である。ここでは特に一方の標本ともう一方の標本間に違いがあるのかを求める検定を紹介する。

　仮説検定にはパラメトリック検定とノンパラメトリック検定に分けられる（図表3-5）。統計的手法の多くは母集団の分布がある種の特性を持っていることを前提にしている。パラメトリック検定とは，母集団の分布を正規分

図表3-5　代表的な検定の手法

	パラメトリック検定	ノンパラメトリック検定
2標本の検定	t検定	マンホイットニーの検定
3標本以上の検定	分散分析	クラスカル・ウォリスの検定

布している，あるいは 2 群間に等分散（標準偏差が等しい）を仮定する検定であり，ノンパラメトリック検定は母集団に一切の前提を置かない検定である。

第 8 章に t 検定の例を示した。

❺ 消費者行動と調査手法

　本章では消費者を知ることの重要性，そしてどのようにしてそれを知るかを説明した。調査手法としては観察法，質問法（非観察法）聞き取り調査があるが，一般に聞き取り調査が用いられることが多いこともあり，本章では質問法（非観察法）を中心に説明した。

　消費者に関する調査を実施する場合，これまでの消費者行動研究から影響を与える要因を理解した上で，調査計画および実施を進めなければ非常に偏った結果が導き出されてしまう。結果として，実態とは異なった消費者像を作り上げてしまう恐れがある。たとえば，第 2 章に示された「購買意思決定の概念モデル（BME モデル）」を理解した上で，当該調査はどの部分について明らかにしようとしているのか知る必要がある。それによって，当該調査で明らかにできること，そしてできないこと（すなわち，その調査の限界について）が説明できるのである。

　調査手順の最後である「調査結果のまとめ」では，調査・分析の結果をまとめることに加えて，当該調査で明らかにできる限界についても説明しなければならない。

　しかし，実社会で行われている調査では，消費者行動を理解した上で実施しているものはそれほど多くないように感じられる。信頼される消費者調査をしようと考えた場合，統計的手法を理解することに加えて，消費者行動についての理解が必要である。

主な参考文献

　黒田重雄（2007）「マーケティング・リサーチ」黒田重雄他『市場志向の経営』，千倉書房。
　清水功次（1998）『マーケティングのための多変量解析』，産能大学出版部，175頁。

BI ソリューション総覧委員会（2009）『BI ソリューション総覧』，株式会社産業技術サービスセンター，72頁。

Asker, D. A. and G. S. Day (1980), *Marketing Research: Private and Public Sector Decisions*, Wiley & Sons, Inc.（石井淳蔵・野中郁次郎訳（1981）『マーケティング・リサーチ－企業と公組織の意思決定－』，白桃書房）

Kotler, P. and K. L. Keller (2006), *Marketing Management*, Pearson Education, Inc.（恩藏直人監修（2008）『コトラー＆ケラーのマーケティング・マネジメント（第12版）』，ピアソン・エデュケーション）

第II部
応用理論編

第4章　消費者行動とサービス

第5章　消費者行動と環境配慮

第6章　消費者の類型化分析

第4章

消費者行動とサービス

学習の要点

①ペティ・クラーク法則を通して，サービスの必要性や重要性，そして消費者需要の変化を理解し，またサービスがどのようなものであるかについて把握するために，サービスの概念，特性，分類などについて学習する。

②サービス企業にとって極めて重要である，顧客満足，サービス品質，サービス・マーケティングの基本フレームワーク，サービス・マーケティング・ミックスのフレームワークを学習する。

③サービスの今後の課題や展望として，企業と消費者との価値共創がどうあるべきかをサービス・ドミナント・ロジックを通して理解し，企業と顧客との新たな関係を学習する。

キーワード

サービス，ペティ・クラーク法則，サービス品質，サービス・マーケティング，7C's，サービス・ドミナント・ロジック

❶ 消費者とサービス

(1) 消費者とサービスの理解

　経済発展につれて、消費者の関心はハードからソフトへ、有形財から無形財へ、モノ中心からサービス中心へ、と動きを示す。このような移行は市場が成熟化すればするほど、その傾向が強く現れるようである。この傾向性の最も基本的なものにペティ・クラーク法則がある。

　この法則は、まずイギリスの経済学者ペティが産業ごとに賃金が異なることを発見した。すなわち、農業、工業、商業の順に収益が高くなるという一般的な経験法則である。その後、クラークは経済の成長と発展につれて、就業人口の多く占める段階が、次第に第1次産業（農業、林業、水産業など）から、第2次産業（製造業、建設業など）へ、そして第3次産業（情報通信業、金融業、運輸業、販売業など：広義のサービス業）へと移動することを確認した。この法則は、ペティの発見を元に、クラークが経済の発展とともに第1次産業→第2次産業→第3次産業へと就業人口の比率の重点がシフトしていくと示したため、ペティ・クラーク法則と呼ばれている。

　この法則は、各国経済発展の段階を調べるための極めて有効となるものであり、ほとんど例外なく世界各国に通用されている。

　我が国の経済発展の段階について、総務省の統計データをもって詳しく検討してみよう。産業ごとに1995年と2010年との15年間の就業者数の推移をみると、1995年の第1次産業は6.0%、第2次産業は31.3%、第3次産業は62.7%である。一方、2010年の第1次産業は4.2%、第2次産業は25.2%、第3次産業は70.6%である。すなわち、2010年と1995年比（15年間）の第1次産業は-1.8%へ、第2次産業は-6.1%へと減少したが、第3次産業は7.9%へと増えている。就業者数の実数においても、同じく第1次産業と第2次産業は減少し、第3次産業は増加したのである。特に第2次産業の減少幅が大きいが、これは引き続く生産基地の海外移転や東南アジア諸国からの製品輸入増などによるものであると思われる。

図表4-1　産業（大分類）別15歳以上就業者数の推移　　　（千人）

産　業	実　数（％）			
	1995年	2000年	2005年	2010年
第1次	3,848(6.0)	3,208(5.2)	2,981(4.9)	2,381(4.2)
第2次	19,936(31.3)	18,392(29.5)	15,957(26.4)	14,123(25.2)
第3次	40,004(62.7)	40,671(65.3)	41,425(68.6)	39,646(70.6)

(注)　第1次産業は「農林漁業」，第2次産業は「鉱業」「建設業」「製造業」，第3次産業は「電気・ガス・熱供給・水道業」「情報通信業」「運輸業」「卸売・小売業」「金融・保険業」「不動産業」「飲食店，宿泊業」「医療，福祉」「教育，学習支援業」「複合サービス事業」「サービス業（他に分類されないもの）」。
(出所)　総務省統計局ホームページ（http://www.stat.go.jp/2012年8月15日）より筆者作成。

　以上のように，我が国においても，ペティ・クラーク法則が通用されるといえよう。これを示したのが図表4-1である。
　先述したように，2010年の就業者70.6％が第3次産業（サービス業）によって生み出されており，他の産業と比べ極めて高い割合を占めている。このサービス化への重要な要因は消費者の需要の変化である。
　そうした背景には幾つかの理由が窺える。まずサービス産業の高い割合は，経済の発展に伴ってみられる構造の変化である。すなわち，一国の経済が発展すればするほど高度なサービスを求める傾向が強く，それによってサービスのシェアが拡大しつつある。第二に，2010年の全就業人口の70.6％がサービス業に従事していることから，消費者のサービスへの関心は極めて高いといえる。第三に，消費者によるサービス支出の高まりである。これは単身世帯の増加による家事活動の外部化，高齢化社会への移行，消費者ニーズの個性化・多様化，女性の社会進出，豊かさの高まりなどの変化が，モノそのものの製造以上にいずれもサービス需要を成長させる要因となっている。
　一方，農業者や製造業者においても，単にモノを作る生産だけでは，同業者の競合他社と景気低迷の中で安定した収益を確保しにくくなり，研究開発，企画調査，自社商品のブランディング，販売，保証などといったサービスとソフト部門が収益源に影響を与えることから，サービスへの関心が拡大しつつある。
　こうした経済のサービス化が進展している現在では，サービスへの関心はますます大きくなってきており，サービス・マーケティングの重要性が認知

されるようになる。

(2) サービスの定義と特性

　サービスとは何か？　この問いに対して我々消費者は，真剣にこの意味を考えたことがあるのか？　我々は，サービス業に関わる研究者や実務家は別として，サービスの意味を考えたことはあまりないだろう。そこで，本節ではサービスの意味を考察してみよう。

　まず，『広辞苑』(2008)によると，サービスは「①奉仕。②給仕。接待。③商売で値引きしたり，客の便宜を図ったりすること。④物質的生産過程以外で機能する労働。用役。用務。⑤（競技用語）⇒サーブ」と指摘している。

　このように私たちが日常的に使うサービスという言葉は，奉仕，接待，おまけなどという意味合いが強い。すなわち，消費者のために，消費者が得することを好意でしてあげる，という意味合いがある。このような観点に立つと，サービスを顧客満足として捉えようとする方向も窺える。

　こうした考え方を徹底的に追求していけば，サービスの本来の意味，そのものが「何」であるかという，サービスの本質を明らかにすることができるかもしれない。

　AMA (1960) によれば，「販売に供されるか，あるいは財貨の販売に関連して提供される活動，便益，満足」と規定されている。この定義からもわかるように，財貨の販売とともに提供される活動とそれによって生み出される便益，そしてそれを通しての評価である満足が示されている。すなわち，満足を重要視しているのである。

　このようなことから，サービスには買い手の満足が必要不可欠な前提条件であることが窺える。

　以上のレビューを踏まえて，サービスを顧客満足として捉えて規定すると以下の如くである。

　「サービスは売り手が買い手のニーズやウォンツを充足（顧客満足）させるために価値を創造する社会経済的，経営的諸プロセスである」。

すなわち，本章でのサービスとは顧客満足で，顧客が受けて喜びを感じるもので，感動・感激・感謝の気持ちを感じさせられるものを前提としている。こうした観点に立つと，無形の割合が高いサービスはいうまでもなくサービスではあるが，顧客を満足させないサービスは完全なサービスではないことになる。簡潔に言うと，無形の割合が高いサービスでも受ける側が喜びを感じない場合は，不完全なサービスになるということである。

　一方，サービスは一般的に四つの特性によって物財と区別することができる。これらサービス特性がサービス企業にマネジメントへの影響を与えると主張されてきた（Kotler and Keller.,2012）。

　①無形性（intangibility）は，形がないこと，人が見たり，聞いたり，味わったり，匂いを嗅いだり，触ったり，感じたりすることができないということである。しかし，無形財のすべてがサービスであるわけではない。例えば，著作権，特許権，放映権などがある。

　②不可分性（inseparability）とは，生産と消費を切り離すことができないという意味であり，同時性ともいわれる。顧客はサービス提供者がサービスの場面に居合わせることを前提としている。例えば，病院，美容院，教育などである。

　③多様性（variability）は，いつ誰がどこでどのようにサービスを提供するかによってサービスの品質が多様になるということである。例えば，顧客の間にもサービスの受け止め方が異なり，同じサービス提供者からサービスを受けても日によって感じ方が異なったりする。

　④消滅性（perishability）とは，サービスは生産されると同時に消滅するため在庫することができないということを意味する。例えば，飛行機の空席，ホテルの空室などである。

　サービスにはこの四つの基本的特性があるので，有形財とはマーケティングのアプローチが異なってくるのである。サービス提供側は，消費者のニーズやウォンツの変化に合わせて，これらの特性をいかに適切に対応していくかが課題となる。

(3) サービスの分類

ラブロック（Lovelock and Wirtz, 2004）は，サービスが人か物かに向けられているのかという軸と，サービス行為の本質が有形か無形かに向けられているかという軸に，サービスをマトリックス上の次の四つのセルに分類した。

① 人の身体に向けられた有形の行為であり，例えば宿泊，フィットネス・クラブ，レストラン/バーなどをさす。
② 所有物に向けられた有形の行為であり，例えば修理/メンテナンス，倉庫/保管，小売流通などに該当する。
③ 人に向けられた無形の行為であり，例えば広告/PR，教育，情報サービスなどが含まれる。
④ 所有物に向けられた無形の行為であり，例えば会計，銀行，保険などのことである。

マトリックス上の各特定のセルに属している各々のサービス行為の間は極めて類似性が高い。したがって，そのセルに包含されている他のサービス行為にとっては，問題を解く手掛かりとなる。例えば，「人の身体に向けられた有形の行為」のセルを取り上げると，医療サービスの入院は宿泊サービスから，またはヘルスケアはフィットネス・センターのサービス行為から学ぶことができる。

以上のサービスの分類を四つのセルにすると，次ページの図表4-2のとおりになる。

❷ 顧客満足とサービス品質

(1) 顧客満足

顧客満足に関する多くの研究は，オリバー（Oliver, 1980）の期待－成果不一致モデルと呼ばれる概念フレームワークを理論的な支柱としている。この基本概念は，製品やサービスに対する顧客の購入前の期待が，購買後の

図表4-2　サービスの分類

	人	所有物
有形	人の身体に向けられるサービス 　旅客輸送, ヘルスケア/医療 　宿泊, 美容院, 　ボディ・セラピー 　フィットネス・クラブ 　レストラン/バー, 小売流通 　ヘアカット, 葬祭サービス	所有物に向けられるサービス 　貨物輸送, 　修理/メンテナンス 　倉庫/保管 　建物/施設管理サービス 　小売流通, クリーニング 　給油, 造園/芝の手入れ 　廃棄/リサイクル
無形	人の心・精神・頭脳に向けられるサービス 　広告/PR活動 　芸術/娯楽 　放送/有線放送 　経営コンサルティング 　教育, 情報サービス 　コンサート, サイコセラピー 　宗教, 電話	無形の財産に向けられるサービス 　会計, 銀行 　データ処理 　データ変換 　保険, 法務サービス 　プログラミング 　調査, 債務投資 　ソフトウェア・コンサルティング

（出所）Lovelock. and Wirtz（2004），p.15. を加工して作成。

知覚される評価（客観的評価）との相対によって，顧客満足の水準が決まるという理論仮説である。

　すなわち，顧客満足度は顧客があるものを受けてから評価するもので，顧客が購入前に抱く期待の大きさに購入後の売り手の成果（客観的評価）との相対によって決まる。換言すれば，満足度は顧客が購入前の期待と購入後の知覚される成果によって判断されるのである。

　こうした観点に立つと，顧客に焦点を合わせた満足に対する評価基準は，購入前の期待と購入後の知覚される成果（あるいは結果）という二つの尺度で表すことができる。すなわち，顧客が購入する前の期待に比べ成果がより大きければ大きいほど，あるいは等しければ顧客が満足を得ることができる

ということである。これを示したのが次の如くである。

$$顧客満足度：\frac{購入後の知覚される成果}{顧客が購入前の期待} \geq 1$$

　企業にとって，顧客を満足させることは企業の盛衰に関わる死活問題であるだけに，極めて重要である。長期にわたって顧客を満足させることができなければ，企業の成長はもとより同業他社に勝ち残ることができないのである。

(2) サービス品質

　消費者が商品価値を評価する基準として用いられるのは，品質である。しかし，サービスの品質は，サービス固有の特性（無形性，不可分性，多様性，消滅性）を有するため，測定するのが困難を極める。

　消費者はどのようにしてサービス品質について期待をし，どのように評価しているのか。消費者期待はサービスを購入する前に購買意思決定プロセス（問題認識→情報探索→代替案評価→選択・購買→購買後の評価）の第2の行動である情報探索（Information Search）から得た知識にもとづいて期待が形成される。

　消費者の情報探索は，まず記憶内の関連情報を探索する内部情報探索（Internal Information Search）から始まる。もし，記憶内に十分な情報が存在しない場合には，外部の情報源を探索する外部情報探索（External Information Search）が行われる。通常，消費者は問題（ニーズやウォンツ）を認識し情報が必要になった時，過去の購買経験を通して記憶内の関連情報を探索する。しかし，記憶内に十分な関連情報が存在しないと判断した場合には，友人や知人などの口コミ情報，広告やセールスマンなどのマーケティング情報，新聞や雑誌の記事などのパブリクス情報などといった外部から情報を取得する（青木，2010）。

　一方，サービス品質の評価基準（Fisk et al., 2004）は，サービス企業の視点からみたサービス品質と顧客の視点から見たサービス品質が異なる。前者のサービス品質とは，企業側が設定した仕様や必要性から構成される各サ

ービス特性の水準を意味する。後者のサービス品質とは，提供されたサービスがどれほどうまく顧客の期待に沿っているか，あるいは期待を上回っているのかを意味するものである。そのギャップをいかに埋めていくかがサービス企業の今後の課題となる。なぜならば，サービス品質が高まることで顧客満足が高まり，それによってロイヤルティが高まり，その結果サービス企業と消費者との間に永続的な関係性を確立できるからである。

これまでに説明したように，消費者側のサービスに対する品質評価は，消費者自分自身の内部にある基準によって大きく左右される。消費者の内部の基準は，消費者自身がサービスを受ける前に形成されるものである。したがって，消費者はそのサービスを受ける前に，これまでの使用経験，または口コミや広告などによって期待が形成されている。この期待の水準によって当該サービスの品質が評価されるのでサービス品質を適切に評価することが難しいとされてきた。

そこで，パラスラマンら（Parasuraman et al., 1985）が，サーブクォール（SERVQUAL）というサービス品質の評価尺度を開発した。サーブクォールはサービス（Service）と品質（Quality）を組み合わせた造語で，今日最も広く使われているサービス品質の測定尺度である。また，パラスラマンらは，サービス品質を顧客のサービスに対する期待と知覚とのギャップとして概念化した。これを使って顧客の知覚品質（消費者が心の中で抱く品質）を測定することが可能となった。

この尺度は顧客がサービスをどう感じるかという視点から開発されたもので，サービス・システムに内部化された五つの主要なギャップがサービス品質ギャップに影響を与えているとされる（Parasuraman et al.,1988）。

有形性（tangibles）：物理的な施設，設備，道具，従業員の外見など
信頼性（reliability）：顧客との約束を正確確実に提供する能力
反応性（responsiveness）：迅速にサービスを提供しようとする意見
確実性（assurance）：従業員の知識，技術，礼儀正しさ，そして信頼や自信を伝える能力
共感性（empathy）：企業が顧客に提供する一人ひとりへの気遣い

この測定は，サービス企業が同業他社と対比して自社への顧客のサービスの品質を評価することができるなど，自社に対するサービスの品質のレベルを計測できる有効な品質評価尺度である。

　しかし，サーブクォールはオンライン・チャネルや小売業の分野では不適切であるという研究報告から，オンライン・チャネル分野においてはパラスラマンら（Parasuraman et al., 2005）が，新たにウェブ・サイトを介したサービスの測定尺度として，22の質問によって四つの主要項目に関する顧客評価を調べる「E-S-QUAL」を開発した。一方，小売業の分野においてはダーボルカーら（Dabholkar et al.,1996）が，小売店のサービス品質の測定尺度として，RSQS（Retail Service Quality Scale）を開発したのである。

　前者は，①効率性（分かりやすい設計，迅速な取引，ウェブ・サイトへのスムーズな接続），②システムへのアクセス（サイトへの自由な接続，立ち上げの早さ，安定した接続状態），③実効性（発注どおりのサービス提供，サービス内容表示の正確さ），④プライバシー（情報管理が行われ，個人情報の流出の危険のない），の4点を指標としている。後者については，9章で述べることにする。

　サービス企業は，サービス品質がサービス企業の成功に大きく影響されるだけに，どのような消費者層が自社を評価するのか，またどのような要因が自社のサービス品質を強化や弱化させるのかなどを十分に知る必要がある。

❸ サービス・マーケティングのフレームワーク

(1) サービス・マーケティングの基本フレームワーク

　上記で指摘したようにサービス企業の注目すべきことは顧客満足という視点である。

　嶋口（1997）によると，「マーケティングの本質的な役割は顧客満足を中心とした市場における『成長の仕組みづくり』という視点である」と指摘している。このことから企業は顧客満足に注意を払うことによって自社に対す

る顧客のロイヤルティを高めることができる。その結果，企業は成長の仕組みづくりができるということであろう。

　以降ではこのことを意識しつつ，論を進めよう。

　そこで，顧客満足についてやや立ち入った説明を試みておこう。

　サービスのマーケティングにはインターナル・マーケティング（Internal Marketing），インタラクティブ・マーケティング（Interactive Marketing），エクスターナル・マーケティング（External Marketing）が必要である（Kotler and Keller.,2012）といわれている。

　浅井（2003）によると，サービス・マーケティングは組織，接客従業員，顧客の三つの要素から構成されていると指摘している。これらの三つの構成要素はそれぞれ充足すべき目標を持ち，その達成によって満足を得ようとするものである。そして，サービス・マーケティングの枠組みはインターナル・マーケティング（Internal Marketing），エンカウンター・マーケティング（Encounter Marketing），エクスターナル・マーケティング（External Marketing）の三つのサブ・マーケティングから構成されていると論じている。

　インターナル・マーケティングは，社内顧客としての現場の従業員を対象に設定された概念である。これは組織内部のコミュニケーションを重視した従業員満足のファクターである。

　エンカウンター・マーケティングは，買い手と売り手との相互作用を対象に設定された概念である。これは売り手が買い手との人間的接触を通して，顧客の期待を確認し，顧客と協力して顧客の期待に応えるというサービス提供時点でのコミュニケーションを重視した顧客満足ファクターである。

　エクスターナル・マーケティングは，最終顧客を対象に設定された概念である。これは企業が顧客の期待創造という外部の市場（顧客）へのコミュニケーションを重視した顧客満足のファクターである。これを示したのが図表4-3の如くである。

　これらの三つの構成要素の間を結ぶ矢印が双方向に向かう形で示してあるのは，管理者のリーダーシップが2ウェイの開かれたコミュニケーションとフィードバックを前提として発揮されるべきことをあらわしたものである。

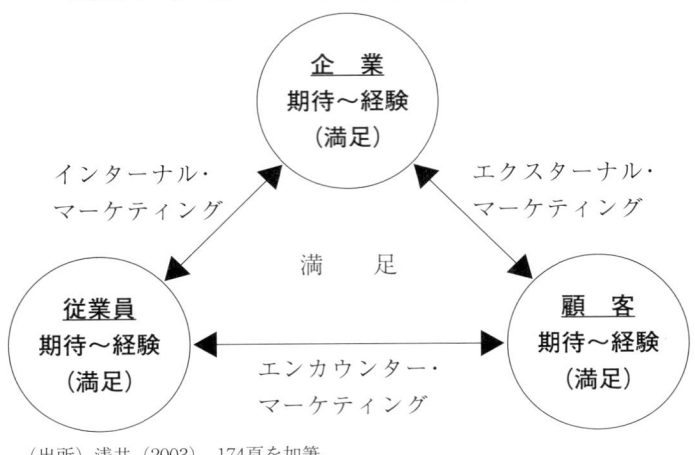

図表4-3　サービス・マーケティングの基本フレームワーク

```
              企　業
            期待〜経験
             （満足）
          ↗         ↖
   インターナル・      エクスターナル・
   マーケティング      マーケティング
        ↙    満　足    ↘
   従業員              顧　客
  期待〜経験  ←――→   期待〜経験
   （満足）  エンカウンター・ （満足）
           マーケティング
```

（出所）浅井（2003），174頁を加筆。

　優れたサービス企業は，積極的な従業員態度がより強い顧客ロイヤルティを促進させると理解している。このことは経営者と従業員との良好な関係が従業員と顧客の関係に影響を及ぼすことであり，サービス企業が顧客を満足させたいなら，顧客ではなく従業員を大切にしなければならないということである。

　ここで強調したいのは，満足があるところに企業の成長の仕組みづくりができることである。上記のトライアングル間の満足に優先順位をつけるとしたら，なにより従業員満足が先であろう。なぜならば，不平・不満を抱く従業員は，顧客の満足度を高めるようなサービスを提供できないからである。したがって，サービス企業は最優先的に消費者より従業員をいかに満足させるかが極めて重要な課題であり，そのためには定期的に従業員に対する満足度を調べる必要がある。

　以降では無形の割合が高く，顧客満足の視点に立つサービス・マーケティング・ミックスの再構築を試みることにする。

（2）サービス・マーケティングの新しい7C's

　マーケティング戦略の中心課題は，決定した対象市場に適応したマーケテ

ィング・ミックスの構築であり，そのマーケティング・ミックスは，企業が標的市場でマーケティング目的を達成するために用いるマーケティング・ツール（marketing tool）の組み合わせのことである。

　マーケティング・ミックスの最も一般的なものは，マッカーシー（McCarthy, 1960）が指摘したproduct（製品），price（価格），promotion（プロモーション），place（場所，販売経路，物流）であり，マーケティングの4P'sとして知られている。これらは顧客がその商品を購入するかどうかの意思決定に極めて影響する主要な要因であり，したがって，サービス・マーケティングにおいても重要な要因となる。しかし問題はサービス業の場合，これだけで十分説明ができるか，という点である。

　そこで，ブームとビトナー（Booms and Bitnner, 1981）によると，サービス・マーケティングはマッカーシーがいう4P'sに人（Participants），プロセス（Process），物理的証拠（Physical Evidence）という三つのPを付け加えた，7P'sを主張している。これらの3P'sの新要素はサービス・マーケティングの性質を把握し，物財と比較したときのサービス製品特有の性格を表しているという。

　しかし，マッカーシーがいうマーケティング・ミックスの考え方は，商品のマーケティングであり，サービス業のマーケティングではないことである。

　すなわち，商品がコアであったマーケティング四つの戦略的変数の意思決定モデル（4P's）からサービスがコアである新しい戦略的変数の意思決定モデルに再構築する必要がある。前述したようにサービスは顧客満足であり，顧客のために行うもので，顧客をコアとして考えるべきである。真のサービスは，顧客が喜ぶものであろう。

　そこで，ラウトボーン（Lauteborn, 1990）によると，4P'sは顧客からの視点の四つのCに（4C's）説明でき，顧客中心の4C'sの検討から入るべきだと指摘している[1]。すなわち，顧客価値（Customer value），顧客コスト（Customer cost），利便性（Convenience），コミュニケーション（Communication）を強調しているのである。

　本章でのサービス概念の主張は顧客満足を前提にして進んでいる。したがって，上記の7P'sを顧客から見た7C'sに置き換えて議論を進めたい。

まずマッカーシーの4P'sはラウトボーンに倣い4C'sにするが，ブームとビトナーの人（Participants），プロセス（Process），物理的証拠（Physical Evidence）という3P'sは顧客をコアにする顧客と企業（Customer and company），相互依存的な過程（Correlative Process），顧客施設（Customer Facility）という3C'sに置き換えることにしたい。

　以上の7つのCを並べると，顧客価値（Customer value），顧客コスト（Customer cost），利便性（Convenience），コミュニケーション（Communication），顧客と企業（Customer and company），顧客施設（Customer Facility），相互依存的な過程（Correlative Process）であり，これらを本章ではサービス・マーケティング・ミックス（7C's）のフレームワークと呼ぶことにする。これらをまとめると，図表4-4の如くである。

　サービスのマーケティング・ミックスのフレームワークについて今までの議論を踏まえて七つのCそれぞれの骨子を要約すると以下の如くである。

①顧客価値（Customer value）は主に顧客に価値を生み出すパフォーマンスである。顧客から見て企業が提供するサービス価値であり，それは顧客のニーズやウォンツに対して満足する価値を創造することである。例えば，サービスのコンセプト，サービス品質，パッケージなどである。

②顧客コスト（Customer cost）は主に顧客が支払う費用への対応である。

図表4-4　サービス・マーケティング・ミックスのフレームワーク（7C's）

7P's	7C's
製品（Product）	顧客価値（Customer value）
価格（Price）	顧客コスト（Customer cost）
流通（Place）	利便性（Convenience）
プロモーション（Promotion）	コミュニケーション（Communication）
人（Participants）	顧客と企業（Customer and company）
プロセス（Process）	相互依存的な過程（Correlative Process）
物理的証拠（Physical Evidence）	顧客施設（Customer Facility）

（出所）　筆者作成

顧客がサービスの生産プロセスに参加するため，価格設定は企業の方針を基に，顧客の意思決定と競争相手の価格設定などをベースに行う。例えば，高価格・低価格政策，競争相手の価格水準，割引，期間などである。

③利便性（Convenience）は主に顧客の購買時の利便性の確立である。サービス業の場合はサービス業の特徴から便利な場所や利用簡単なチャネルの両方から検討する必要がある。例えば，立地，出張サービス，交通，エレクトロニック・コマース，電子マネーなどである。

④コミュニケーション（Communication）は主にサービス生産の場で従業員と顧客が直接相互に話し合いを通してのコミュニケーションの形成である。特に，サービス提供者側において，リピーターを増やすためのリレーションシップ・マーケティングが重要になる。それに伴う信頼性の構築が必要である。例えば，広告，セールス・プロモーション，パブリシティなどである。

⑤顧客と企業（Customer and company）は主にサービスの生産プロセスに関わる人々をさし，サービス・マーケティングの固有の戦略的要素である。顧客や従業員にかかわらず，サービスの生産に関わるすべての人々が含まれる。例えば，従業員の雇用・訓練・報酬，顧客の教育・訓練，電話オペレータ，などである。

⑥相互依存的な過程（Correlative Process）は主に一連のサービス生産活動やオペレーションに関する意思決定領域である。顧客が求めているニーズやウォンツに対して具体的にどのような行為（活動の手順や流れ）で行うかを決定することである。すなわち，相互依存的に顧客の満足を創造するプロセスである。例えば，活動のフロー（標準化，適応化），手順の数（単純，複雑），顧客サービスのレベルとシステムの改善などである。

⑦顧客施設（Customer Facility）は主にサービスの生産プロセスの視覚的環境（顧客の視点）に関する意思決定領域である。顧客により良い施設を見せることによって，顧客の本質的サービスに対する印象を高めることができる。サービスの性質を促進し伝える有形の要素を意味する。例えば，従業員の服装，建物，設備，看板，インテリアなどである。

これらは顧客がそのサービスを受けるかどうかの意思決定に極めて影響す

る主要な要因である。以上のサービス・マーケティングの意思決定モデル（7C's）を医療業界に当てはめて，概説して見よう。

　①顧客価値（Customer value）は，主に顧客に価値を生み出すパフォーマンスである。市場特性に合った診療科目や専門医師の配備などを決めることである。例えば，医療サービスの種類と品質，説明，品質保証，アメニティーなどである。

　②顧客コスト（Customer cost）は，主に顧客が支払う費用のことである。まったく規制のないアメリカの病院は同一の疾病でも価格は病院ごとに異なるが，日本の病院の場合は公定価格（診療情報体系）である。例えば，初診料，自己負担額，支払方法などである。

　③利便性（Convenience）は，主に顧客の購買時の利便性の確立である。消費者（患者）のいる場所や経路を意味し，病院の立場や患者の行動パターン分析である。例えば，立地，交通手段・通院距離，医療機関の連絡ネット，病医院と調剤薬局などである。

　④コミュニケーション（Communication）は，主にサービス生産の場で消費者（患者）や医師・看護婦が直接相互に話し合いを通してのコミュニケーションの形成である。例えば，患者友の会の会場，ホームページやメール，院内掲示，パブリシティなどである。

　⑤顧客と企業（Customer and company）は，主にサービスの生産プロセスに関わる人々をさし，サービス・マーケティングの固有の戦略的要素である。例えば，医師や看護婦の雇用・訓練・報酬，電話オペレータ，技工士などである。

　⑥相互依存的な過程（Correlative Process）は，主に一連のサービス生産活動やオペレーションに関する意思決定領域である。患者が求めているニーズやウォンツに対して具体的にどのような行為（活動の手順や流れ）で行うかを決定することである。例えば，予防医療，リハビリなどである。

　⑦顧客施設（Customer Facility）は，主にサービスの生産プロセスの視覚的環境（顧客の視点）に関する意思決定領域である。これは，患者の本質的サービスに対する印象を高めることができる。例えば，従業員の服装，建物，設備，看板，インテリアなどである。

さらに，7C'sを用いてサービス業の業績の視点から説明することができる。例えば，レストランの業績は，主に①顧客価値（Customer value）である「味」，②顧客コスト（Customer cost）である「価格」，③利便性（Convenience）である「利用便利」，④コミュニケーション（Communication）である「信頼性」，⑤顧客と企業（Customer and company）である「店のスタッフ」，⑥相互依存的な過程（Correlative Process）である「食事を提供するプロセス（サービスのレベルなど）」，⑦顧客施設（Customer Facility）である「店の外観や特徴（雰囲気）といった物理的な特徴」によって左右されるからである。

どのようなサービス事業においても，これらのサービス・マーケティング・ミックスのフレームワーク（7C's）は議論の対象になると思われる。換言すれば，これらの7C'sはサービス業をマーケティングとして考える際に重要な問題意識を特定するものであろう。なぜならば，これらの7C'sはマーケティング戦略の中心課題としてすでに確立しているマーケティング・ミックスの概念を立脚し，それに顧客満足をコアにした視点を取り入れたサービスを強調したからである。

❹ 新しいサービス視点の登場

（1）サービス・ドミナント・ロジックの意義

近年，サービス関連で注目を集めているのがバァーゴとラーシュ（Vargo and Lusch, 2004）が提唱したサービス・ドミナント・ロジック（service-dominant logic：以下，S-Dロジックと呼ぶ）という視点である。

S-Dロジックの考え方は，従来の有形財を中心としたマーケティング論理（goods-dominant logic：以下，G-Dロジックと呼ぶ）に対するサービスという視点の新しい優位な論理の到来を示唆することである。

S-Dロジックの主たる論点は，新たなサービスの概念と価値共創などである。

まず，バァーゴとラーシュの新しいサービスの概念であるが，これまでのサービスを中心として捉えた，①無形財，②付加価値サービス，③サービス

産業（ヘルスケア，政府，そして教育など）として分類されたものとは異なるということを前提に，サービスは他者または自身の便益のために，行為やプロセス，そしてパフォーマンスを通じて，専門能力（ナレッジ・スキル）を適用することであると指摘している[2]。

S-Dロジックは，従来のサービス特徴であった無形財としてのサービスではなく，他者や自身のための知識や技能を適応することを強調することで，伝統的なサービスが有する特徴に拡張した議論である。すなわち，これまでのモノとサービスを区別して捉える視点に対して，サービス概念の中にすべての財（モノとサービス）を含むという視点である。

次に，価値共創を含むS-Dロジックの特徴は，従来のG-Dロジックの比較を通して概説したい。

まず交換の対象であるが，先述したようにG-Dロジックはグッズ中心の視点であるが，S-Dロジックはサービス中心の視点である。

G-Dロジックの場合はオペランド資源（operand resource）であり，それは効果を生み出すために実行する操作や行為となる資源（操作によって効果を得るために実行する資源）であり，ハード，有形，静的，有限である。例えばモノ，機械設備，原材料などである。他方，S-Dロジックの場合はオペラント資源（operant resource）であり，これは効果を生み出すために用いられる資源（目的を達成するための用度としての資源）であり，ソフト，見えないかつ無形，動的，無限である。例えば，ナレッジ・スキルである（Vargo and Lusch, 2004 ; Constantin and Lusch, 1994）。

次は価値の基準であるが，G-Dロジックは交換価値（value-in-exchange）であり，財（製品とサービス）が生産される過程で埋め込まれた価値が交換される時に取引価格としてあらわれる価値のことを指す。

一方，S-Dロジックは文脈（使用）価値であり，企業による一方的な価値の提供ではなく，企業と消費者・顧客の双方が相互作用や協働活動を通じて価値（使用価値・文脈価値）を創出するという価値共創のプロセスを指す。すなわち，消費者・顧客によるサービスの適用によって，消費者・顧客を取り込んだ考え方である。とりわけ製品またはサービスの価値は，それ自体の中に埋め込まれているが，それを価値あるものとして扱うことができるのは

図表4-5　G-D ロジック視点と S-D ロジック視点の相違点

比較対象	G-D ロジック	S-D ロジック
交換の対象	財	サービス
使用される資源	オペランド資産（モノ，機械設備，原材料など）	オペラント資産（ナレッジとスキル）
価値の基準	交換価値	文脈（使用）価値
価値の創造者	企業	企業と消費者・顧客
企業と顧客の関係	顧客への一方的	企業と顧客の双方向
企業の役割	価値を生産し，配布する。	価値を提案し共創し，サービスを提供する。
財の役割	生産の単位。価値が埋め込まれたオペランド資源。	オペラント資源を伝達する手段であり，企業のコンピタンスの便益にアクセスすることを可能にする。
顧客の役割	企業によって創造された価値を消費する，または使い切る。	企業が提供する資源を他者と公的・私的な資源と統合することによって，価値を共創する。
経済成長の源泉	富は過剰な有形資産と財から得られる。所有，統制，生産から構成。	富は専門化されたナレッジとスキルの適合と交換を通して得られる。

（出所）Vargo and Lusch（2004），p.7．Vargo, Maglio and Akaka（2008），p.148．を参考に作成。

消費者・顧客自身であり，企業ではないとしている。その意味で，消費者・顧客は単なる商品やサービスの受け手・買い手ではなく，それらの価値を実現させる最終段階にいる共創者である（井上，2012）。

換言すれば，従来の G-D ロジックは，製品の価値を提供しているのは企業であり，その受け手が消費者・顧客である。それに対して，S-D ロジックは，企業が提供できるのは価値ではなく，価値を提案するのみである。価値は顧客の主観的な知覚によって判断や定義され，顧客と共に創造されるのである。企業は消費者・顧客志向であり，消費者・顧客との関係志向である。以上を示したのが図表4-5である。

（2）企業と顧客との新たな関係

企業と消費者・顧客との関係を共創関係の視点から捉え直すと，以下のような関係を取り上げることができる（井上，2012）。

1）これまでの共創関係

①従来型の共創関係：

消費者・顧客からの市場調査，あるいは顧客窓口から情報を入手し，それを新しい製品・サービスの開発，あるいは改良につなげる。例えば，花王の「ビオレ」，「ブローネ」，「メリット」の製品開発や製品改良に顧客の声が反映されている。

②企業の製品・サービス創造に消費者・顧客が参加：

製品・サービスが完成するまでに企業と顧客がその製品が作られていくプロセスそのものに関与していることである。例えば，不動産探しや注文住宅などがこれに当たる。

③企業が消費者・顧客の製品・サービスの経験に着目：

消費者・顧客が生活の中で，自社製品・サービスをどのような用途に使用しているかを観察し，その中に新たな製品の可能性を見出す努力のことである。消費者自身が「製品修正」や「用途創造」を行っている可能性がある。例えば，TOTOのシャンプードレッサー，ネスレ社のキットカットなどである。企業側からは生まれてこない消費者の発想が製品の成功につながっており，それを企業側が積極的に活用している。

2）新たな共創関係（S-Dロジック）

企業が提供するすべての製品・サービスは，顧客との共創の上に成り立っている。製品・サービスの価値は「消費プロセス」にいる顧客によって，つまり使用を通じてのみ創出され決定される。消費の現場は企業と顧客との共創の場であり，顧客が製品・サービスを利用してくれている現場こそ，生産プロセスの最終過程である。

注）

1) Lauterborn は product を Consumer want and need と指摘しているが（Lauterborn, 1990, p.26），Kotler（2003. p.17）と石井他（2004），35頁という両文献では，顧客ソリューション（Customer solution）として解釈している。本稿では顧客価値（Customer value）におきかえて論じることにしたい。
2) 厳密にいえば，Vargo and Lusch（2004, p.2）の定義では，従来のサービス概念と新しいサ

ービス概念を両方ともに複数刑のサービシィーズ（services）を用いたが，Vargo and Lusch（2006, p.43）の定義では誤解を避けるために，従来のサービス概念を複数形のサービシィーズにし，新しいサービス概念を単数形のサービス（service）にした。

主な参考文献

青木幸弘（2010）「購買行動と意思決定プロセスの分析」池尾恭一・青木幸弘・南千恵子・井上哲浩編著『マーケティング』，有斐閣，146頁。
浅井慶三郎（2003）『サービスとマーケティング管理（増補版）』，同文舘出版，174頁。
石井淳蔵・栗木契・島口充輝・余田拓郎（2004）『ゼミナールマーケティング入門』，日本経済新聞社。
井上崇通（2012）『消費者行動論』，同文舘出版，44-49頁。
井上崇通・松村潤一編著（2000）『サービスドミナントロジック』，同文舘出版。
金成洙（2006）「医療業界におけるサービス・マーケティングの戦略体系―患者満足向上のために―」『専修総合科学研究』，専修大学緑鳳学会，第15号，219-250頁。
嶋口充輝（1997）『顧客満足型マーケティングの構図』，有斐閣，112頁。
新村出編（2008）『広辞苑　第５版』，岩波書店，1082頁。
AMA (1960), *Marketing Definitions; A Grossary of Marketing Terms*, Committee on Definitions of the American Marketing Association, p.21.
Booms, B.H. and M.J. Bittner (1981), "Marketing Strategies and Organization Structures for Service Firms," in Donnelly J., and W. R.George (eds.), *Marketing of Services*, American Marketing Association, pp.47-51.
Constantin, J. A. and R. F. Lusch (1994), *Understanding Resource Management: How to Deploy Your People, Products and Processes for Maximum Productivity*, Irwin Professional Pub., p.145.
Dabholkar, P. A, D. I. Thorpe, And J. O. Rentz (1996), "A measure of Service Quality for Retail Stores: Scale Development and Validation," *Journal of the Academy of Marketing Science*, 24 (1), pp.3-16.
Fisk, R. P., S. J.Grove and J. John (2004), *Interactive Services Marketing*, 2nd ed., Houghton Miffliin Company.（小川孔輔・戸谷圭子監訳（2009）『サービス・マーケティング入門』，法政大学出版局，196頁）
Kotler, P. (2003), *Marketing Management,* 11 ed., Prentice-Hall.
Kotler, P. and K. L. Keller (2012), *Marketing Management*, 14th ed., Prentice-Hall, pp.358-365.
Lauterborn, R. (1990), "New Marketing Litany: 4P's Passe; C-Words Take Over," *Adveritising Age*, October 1, p.26.
Lovelock, C. and J. Wirtz (2004), *Services Marketing: People, Technology, Strategy*, 5th ed., Prentice-Hall, p.15.
McCarthy, E.J. (1960), *Basic Marketing: A Managerial Approach*, Homewood, IL: Richard D. Irwin.
Oliver, R (1980), "A Cognitive Model of the Antecedents and Consequences of Satisfaction

Decisions," *Journal of Marketing Research*, 17, pp.460-469.

Parasuraman, A., V.A. Zeithaml and L. L. Berry (1985), "A Conceptual Model of Service Quality and Its Implications for Future Research," *Journal of Marketing*, Vol.49 No.3, pp.41-50.

Parasuraman, A., V.A. Zeithaml and L. L. Berry (1988), "SERVQUAL : A Multiple-Item Scale for Measuring Consumer Perceptions of Service Quality," *Journal of Retailing*, Vol.64 No.1, pp. 12-40.

Parasuraman, A., V.A. Zeithaml and A. Malhotra (2005), "E-S-QUAL: A Multiple-Item Scale for Assessing Electronic Service Quality," *Journal of Service Research*, Vol.7 No.3, pp.213-233.

Vargo, S. L. and P. P. Maglio and M. A. Akaka (2008), "On Value and Value Co-Creation: A Service Systems and Service Logic Perspective," *European Management Journal*, Vol.26 No.3, p.148.

Vargo, S. L. and R. F. Lusch (2004), "Evolving to a New Dominant Logic for Marketing," *Journal of Marketing*, Vol.68 No.1, pp.3-4.

Vargo, S. L. and R. F. Lusch (2006), "Service-Dominant Logic: What it is, what it is not, what it might be," in Lusch, R. F. and S. L. Vargo (eds.), *The Service-Dominant Logic of Marketing: Dialog, Debate, and Directions*, M. E. Sharpe, p.43.

第5章

消費者行動と環境配慮

学習の要点

①環境配慮製品は一般製品と比べてどのような違いがあるのか，その特徴を把握し，それを消費・使用する環境配慮の消費者とは，どのような性格を有するのかを理解する。

②環境配慮の消費者行動は，日常の生活行動と密接不可分な関係があり，その関係を基礎とした購買，消費・使用，廃棄まで含めた行動について，理解する。

③環境配慮の消費者行動の分析は，主要なものとして因果関係がある要因の連鎖からの分析，日常生活で蓄積された知識と経験で捉えた分析があり，それらの行動分析の特徴について，理解する。

キーワード

環境配慮な製品属性，購買・消費・廃棄行動，要因連関モデル，知識-経験モデル

❶ はじめに

　我が国の消費者がグローバルな環境問題に関心を寄せはじめたのは，1992年のブラジルのリオデジャネイロで開催された地球環境サミットではないかと思われる。その国連会議では，新しい概念の「持続可能性」を基礎とした「持続可能な産業社会の建設」が21世紀に向けたグローバル構想として提唱され，地球環境の保全の必要性が理解されはじめた。その後，1997年には地球温暖化防止会議（COP3）で京都議定書が採択され，2008年には北海道洞爺湖サミット（G8）で地球全体の温室効果ガスを2050年までに50％削減が提唱され，消費者にも身近な地域環境の保全が地球環境の保全につながる意味も理解されるようになってきた。

　環境省の『環境白書　循環型社会白書／生物多様性白書』（平成23年版）によれば，持続可能性に関連する環境負荷について，我が国の経済活動による天然資源の投入量は2008年で15億トン（1990年比で32％減少），同様に温室効果ガスの排出量は平成21年度で12億900万トン（京都議定書の基準年度（1990年度）比で4％減少）であり，産業部門の資源の利用に変化が表れている。

　我が国の環境政策により，産業部門の供給に変化が見受けられるとともに，消費者にも需要の変化が見られる。環境配慮製品の代表的存在としてハイブリッド（HV）カーを取り上げれば，ガソリン・エンジン車とは異なった製品カテゴリーのHV車は京都議定書が採択された1997年に市場に投入され，2010年で新車販売台数の1割程度であったが，その後エコカー補助金制度の支援を受け，トヨタに限ってみても，国内累積販売台数が約168万台程度に達したという報告もある[1]。しかし，この数字だけをみて，我が国の消費者の環境意識が高まり，環境配慮製品に対する購買意欲も高まった証しであるとは必ずしも言いきれないところがある。

　というのは，消費者の環境意識の高まりと環境配慮製品の購買がつながるかどうかは，必ずしも単純な関係ではない。その関係をわかりやすく説明してくれる資料として，日経流通新聞の調査結果（2007年の年末に実施され

たインターネット調査で5千人の有効回答を得た）があるので，それを紹介する（図表5-1参照）。

その調査結果によると，環境を意識した日常の生活行動及び購買行動をする消費者は，全体の7割を占めて最も多い。このうち日常の生活行動と購買行動でいつも環境意識を有する消費者が約1割であり，日常生活と購買行動でときどき環境意識を有する消費者が約6割である。

このように，消費者の多くは，日常の生活行動や購買行動で常に環境意識を有しているわけではない。しかし，消費者の日常の環境意識を有する生活行動と購買行動を含む消費者行動は密接に関係している。つまり，この双方の行動の関係性はどのような要因によって解明されるかを捉えながら，消費者行動，具体的には購買行動，消費・使用行動，廃棄行動などを理解する必要がある。

このように環境配慮の消費者行動は複雑かつ多様性に富んでいるが，まず

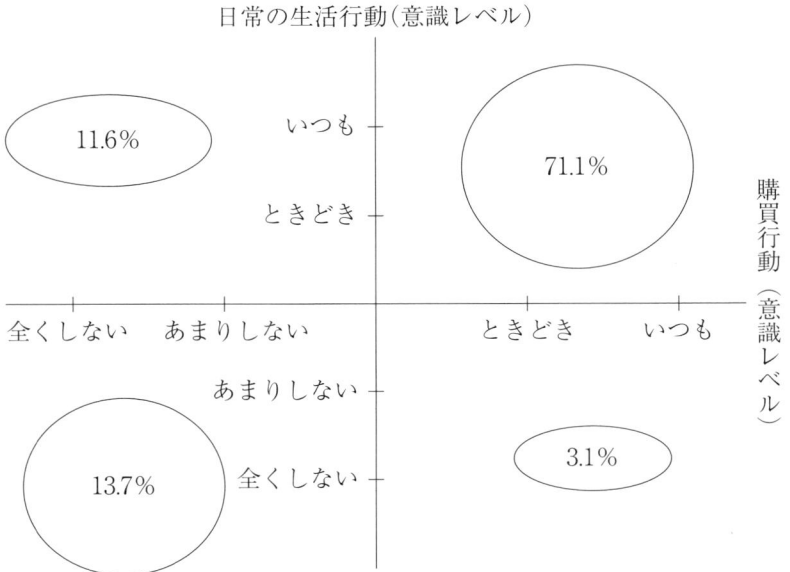

図表5-1　環境配慮な消費者の意識と行動

日常の生活行動（意識レベル）

	全くしない	あまりしない	ときどき	いつも
いつも（購買行動）	11.6%		71.1%	
ときどき				
あまりしない				
全くしない	13.7%		3.1%	

購買行動（意識レベル）

（出所）『日経流通新聞』（2008年1月1日号），1頁の図を簡略して作成。

その基礎となる環境配慮製品はどのような性質があり，それを消費・使用する消費者はどんな性格かを理解することからはじめる。

❷ 環境配慮な消費者の理解

(1) 環境配慮製品と消費者

　環境配慮製品は，一般的には古紙や廃プラなどのリサイクル素材を含む，あるいは節水・節電になる省エネルギー効果のある製品と考えられるが，ピーティー (Peattie, 1992) は『The Green Consumer Guide』で提示された環境配慮的でない製品，そして環境配慮（グリーン）な消費を次のように述べている[2]。

①消費者あるいは他者の健康を危うくするような製品。
②生産，使用あるいは廃棄において環境を著しく傷つけるような製品。
③生産，使用あるいは廃棄の間に大量の資源を不相応に消費するような製品。
④過剰包装，余分な特徴をつけた製品，あるいは過度に短い製品寿命等により，不必要な浪費を引き起こしているような製品。
⑤絶滅の危機に瀕した種または環境資源から材料を使用しているような製品。
⑥動物の虐待や不必要な乱獲を含むような製品。
⑦他の国々，特に開発途上国に不利な影響を与えるような製品。

　逆説的にいえば，これらの事項を回避する製品が環境配慮製品ということである。つまり，農畜産物や水産物及び鉱物資源の原材料調達に係る生物多様性の保全，安全かつ安心できる加工方法，製品ライフサイクルの全段階における環境負荷の削減など，非常に領域が幅広く多様な環境影響側面に配慮する必要がある製品ということになる。これを基礎として，ピーティー (Peattie, 1992) は，「グリーンな消費とは，購買にあたり，少なくとも部分的にせよ環境や社会的見地からの評価の目で見て行う購買や非購買の行為である」と定義している。

また，フィスクは，環境問題を重要なマーケティング課題として着目し，環境配慮な消費は責任を伴う消費として位置づけており，小原（2011）は，彼の概念を次のように解説している[3]。「責任ある消費」は，持続可能な生産と消費の関係を維持しながら，乏しい資源を生態学的に最大限価値ある目的のために使用し，①耐久消費財の所有の制限，②製品の有効寿命期間の延長，③生態学的にインパクトの小さい商品に変更するなどを通じて，達成されると述べている。

　したがって，環境配慮な消費者は，環境配慮製品の購買，消費・使用，廃棄に至るまで，環境負荷をかけない，社会的責任を果たす人と考えられる。そうした消費者を理解する方法としては，主に4つのアプローチがある。

（2）統合アプローチ

　環境配慮の消費者行動は，極めて複雑かつ多様であり，日常の生活行動からの影響が大きい。スターン（Stern, 2000）は，環境配慮の行動を研究するには行動科学や社会科学などの学際的な統合による研究方法の採用を強調し，そうした研究の思考の基礎となるABC理論を構築した[4]。

　その考え方は，新たなエコロジー概念などによる価値観の理論及び環境配慮は公益的なことであり，利他主義的な個人の行動が社会に貢献すると考える規範―行動の理論の統合を基礎としている。加えて，環境配慮の行動意図と行動は別のものとして捉える必要があるとして，それらも理論に組み込んでいる。なぜかといえば，環境配慮な行動は，個人的な習慣あるいは家庭でのルーチンな出来事（例：電気を小まめに消す）も多く，はっきりとした行動意図があって行動しているわけでもない。あるいは環境配慮な行動は，環境には無関心でも，質素な生活志向により実践される場合もある。つまり，生活者は環境配慮に関するそれぞれの先有知識があり，質素は資源の節約に通じるという先有知識によって，行動に係わる生活上の文脈の解釈を通じて，とるべき行動を実践すると考えられる。

　そして，グァグナノら（Guagnano et al., 1995）の行動に関する公式化された概念，「行動（B）は個人的な領域での態度に関連した要因（A）と文脈的要因（C）の相互作用の産物である」[5]という考え方を基礎としたABC

理論を応用し，環境配慮の行動を探究した。たとえば，態度－行動の結合は，文脈的要因（例：生活者が広告や社会規範の影響を受けない場合）が中立的なとき，最も強くなり，文脈的要因が行動に対して非常に否定的あるいは肯定的になるとき，最も弱くなることがわかった。したがって，環境配慮の生活及び消費者行動を理解するには，態度関連の要因のみならず，因果関係のある他の要因も考慮する必要があると考え，環境配慮の行動類型とそれらを説明する因果関係のある要因群を提案した（図表5-2参照）。

　これらの要因群は，環境配慮の生活行動及び消費者行動を説明するのに用いられる。特に，消費者行動については，購買行動，消費・使用行動，廃棄行動を説明する要因群である。要因群の構成要素は，態度との関連，個人的能力，文脈的要因，習慣とルーチンである。態度関連の要因群は，認知心理学を応用した情報処理モデルに多く用いられている。このうち態度関連要因

図表5-2　環境配慮な行動類型と関連要因群

関連要因群	環境配慮な意義ある行動
態度関連 　一般的な環境保護主義者的な先有知識 　行動特定的な規範や信念 　環境保護に関係しない態度 　（例：製品の属性） 　行動の知覚されるコストとベネフィット 個人的な能力 　教養 　社会的地位 　財務的資源 　行動特定的な知識と技能 文脈的要因 　物質的コストと報酬 　法律と規則 　利用可能な技術 　社会規範と期待 　支持可能な政策 　広告 習慣とルーチン	環境配慮の支持行動 公共領域での環境配慮な行動 　環境保護の市民行動（例：陳情，組織への参加） 　政策の支持 個人領域での環境配慮な行動 　消費者購買行動 　家庭用設備機器の維持 　設備使用の変更，ライフスタイル（例：節約） 　廃棄行動 　環境志向の消費者主義 他領域での環境配慮な行動 　組織的な意思決定に影響する行動

（出所）Stern（2000），Table3, p.421.

の一つである，行動特定的な規範や信念は，社会心理学の分野で発展した計画的行動理論[6]（The Theory of Planned Behavior）と規範－行動理論を応用した要因である。態度関連では，行動は環境配慮に無関係な態度，たとえば自動車の速度や荷台スペースの余裕などの製品属性に係わる，環境配慮とは相対的な関係にある態度も説明に必要な要因として入れている。

また，文脈的要因は，消費者が現実の生活の中で環境配慮がどのような意味を有し，行動を引き起こすかを説明する要因である。社会規範と期待は，地域社会で築いたどのようなルールが個人の行動を協力的にし，実践へと向かわせるかを説明する要因である。国の環境政策を推進する各種リサイクル法や社会制度的要因（例：エコマネー制度の導入）なども，環境配慮な消費者行動を説明する欠かせない要因である。

さらに，個人的能力は，行動特定的な知識と技能，たとえば省エネ住宅の機材取り替えに係わる日曜大工的な技能なども説明可能な要因である。最後に，習慣とルーチンも重要な要因である。なぜならば行動の変化は，しばしば古い習慣を打ち破り，新しい習慣をつくることで築かれるので，習慣も環境配慮の行動に影響を与える要因として入れている。

以上のとおり，環境配慮の消費者行動を理解するには，四つの要因群を合成することにより，説明の可能性を高められることになる。環境配慮の行動は一般的かつ行動特定的な因果関係に依存するので，行動が異なれば，それに適合する要因の組み合わせも必要である。したがって，行動科学と社会科学のみならず，学際的かつ統合的な研究方法によって，環境配慮な生活行動及び消費者行動の理解が深められると述べている。

（3）社会心理学的アプローチ

社会心理学の分野で発展し，合理的行動理論（The Theory of Reasoned Action）を基礎とするフィッシュバインとアズゼンの態度・行動モデル[7]があり，これは環境配慮な消費・廃棄行動を理解する有効な手掛かりを与えてくれる。

その態度・行動モデルは行動の対象に対する全般的な態度を多元的に説明する，多属性態度モデルの概念を拡張して，行動自体を予測している。その

概念枠組みで重要なことは，個人の行動を規定するのは「行動意図」であり，「行動意図」を規定するのは「行動に対する態度」と「主観的規範」であると述べている。行動に対する態度は予測される行動の結果の認知的な評価を基礎とし，たとえば家庭の室温の適度な設定が省エネ的で好ましく感じるかどうかの態度である。主観的規範も重要な準拠集団が個人の行動にもつ期待の認知的な評価を基礎とし，たとえば地域住民のリサイクル行動を個人が肯定的に受け止めるかどうかである。そして，モデルは，認知－態度－行動意図の因果関係の連鎖によって，個人の行動を理解する。

　しかし広瀬（1994）は，態度は行動の結果の認知的な評価だけでは簡単に決まらないと考え，フィッシュバインとアズゼンモデルに環境配慮の説明要因を取り入れた。なぜならば，複雑で多様な環境の認知は個人の利害に関することばかりではないので，分析の枠組みに環境配慮の行動に対する評価を取り入れ，態度・行動モデルを基礎とした環境配慮な行動モデルを構築した[8]（図表5-3参照）。

図表5-3　環境配慮な行動の要因連関モデル

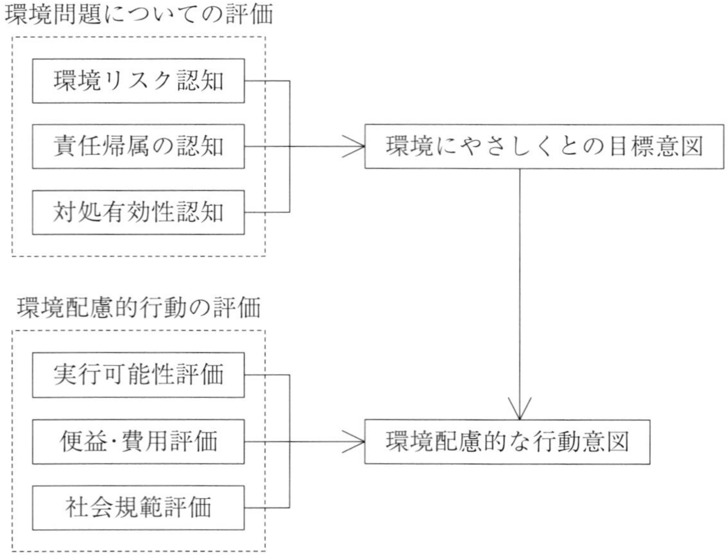

環境問題についての評価
- 環境リスク認知
- 責任帰属の認知
- 対処有効性認知

→ 環境にやさしくとの目標意図

環境配慮的行動の評価
- 実行可能性評価
- 便益・費用評価
- 社会規範評価

→ 環境配慮的な行動意図

（出所）広瀬（1994），46頁。

このモデルは，環境問題に対して何らかの貢献をしたいとする態度（目標意図）が環境認知の要因により規定され，環境配慮な行動意図が態度と行動の評価の要因により規定されるという，要因連関の分析から，消費者行動や廃棄行動の理解を深める枠組みとなっている。環境の認知は，環境汚染による被害の深刻さなどの「環境リスクの認知」，環境破壊や汚染の発生原因者が誰かといった「責任帰属の認知」，環境問題は適切なる行動により解決が有効となる「対処有効性の認知」で形成される。また，環境配慮な行動の評価は，環境知識や技能，社会的仕組みの容易さなどの「実行可能性評価」，資源ゴミの回収によるリサイクル行動のもたらす結果に対する「便益・費用評価」，行動が準拠集団の規範や期待に応えるかどうかの「社会規範評価」で形成される。
　そして，要因連関のモデルにしたのは，環境にやさしい態度（目標意図）を有するときと行動を実行するときが必ずしも一致しないこと，環境にやさしい態度は複数の行動意図と関連し，消費行動では，生活の利便性や快適性などの便益の追求も多くあり，環境にやさしい態度と行動意図が常に一致するとは限らないことなどを指摘している。
　社会心理学の分野で構築された理論モデルは，環境配慮の消費行動や廃棄行動を理解する上で極めて有効である。

（4）解釈学的アプローチ

　解釈学は，人間の行動あるいは状況の移りゆく動機や意図はどのようなものかを出来事やある状況の文脈の中から，その意味を探し出し理解することを研究の目的にしている。人間の行動は経験に基づき，その経験は文脈に依存し，経験する場所，時間と密接不可分と考えられる。こうした人間の行動や経験の意味を理解するため，個人の生活経験を理解する「ナレイテイブ研究」や経験の本質を理解する「現象学（Phenomology）」などの研究方法が用いられている。環境配慮な消費者行動については，こうした研究方法による分析から，消費者が製品やそれによる消費・使用行動，廃棄行動を通じて，どのような主観的な意味を有し，経験するのかが理解される。たとえば，現象学の方法論に基づく研究手法から，環境配慮商品と消費・廃棄の意味をど

のように探求するのか，次に紹介する。

　デネグリ・ノットとモーズワース（Denegri-Knott and Molesworth, 2009）は，インターネット・オークション企業 eBay[9] が中古品市場において，商品の意味を新しく創造して成功していることを指摘している[10]。中古品はこれまで消費者が廃棄に対して所有しているときに付着した個人的な意味を切り離すことを重視していたが，eBay では，廃棄するよりも使用価値ある商品として，環境配慮の視点から，再販売して初期の投資を回収するに値する商品と捉えた。資源節約の意味もある中古品は，競争入札方式により購入されるが，長期的な所有よりも一時的占有に近い利用が多く，需要があれば再販売と購入を反復するシステムが導入されている。インターネットのデジタル空間が売買取引の社会的装置となり，新しい中古品の意味を理解する消費者の支持が拡がっていると述べている。

　また，バレンタインとクリー（Ballantine and Creery, 2010）は，環境配慮な消費と廃棄の行動の密接な関係から，その意味の捉え方を考えるべきと指摘している[11]。日常生活では，環境問題への関心が高い消費者の中には，高品質の製品は低品質の製品より寿命が長い，あるいは所有権の共有は廃棄処分を避けることになると考えたりする。この考え方を拡張すれば，中古品の購入を率先し，他の消費者も廃棄の削減に賛同を得ることで社会全体の廃棄と環境コストの削減になると考えたり，また廃棄を好ましくないと考えれば，自分で生ゴミをコンポスト化して食物を栽培したり，所有物を修理したり，必要なものを作ったりして，廃棄を避けたり遅らせたりする人が多くなると述べている。この分析結果から，消費と廃棄の密接な意味がある関係を読み取ることができる。

（5）認知心理学的アプローチ

　認知心理学は，人間の頭の中でどのような活動が行われているのか，その認知の仕方などを情報処理の観点から研究する。消費者行動の研究では，認知心理学の学問的成果に基づき，概念を形成する枠組みとして応用し，理論モデルとして代表的なベットマンの情報処理モデルやブラックウェル，ミニアードとエンゲルの購買意思決定モデルなどが構築されている。これらの理

論モデルは，人間を情報処理プロセスとして捉え，外部からの情報を探索・取得し，貯蔵されている内部情報（知識）と統合・評価し，購買行動に至るまでの流れを説明している。この情報処理プロセスについては，情報を取得・統合する「短期記憶」や内部情報（知識）を貯蔵する「長期記憶」が重要な役割を果たしている。

情報処理プロセスの観点からいえば，環境配慮の消費者行動を分析するには，どのような情報処理のプロセスを経て環境の認知が形成されるか，認知の構造を手掛かりに行動を解明することに焦点を当てることが考えられる。環境配慮に関する認知の構造と因果関係をもつ要因の連鎖によって行動を理解することが可能となる。

また，情報処理能力は認知の操作処理とそれから形成される知識に規定されるが，その知識の解明を手掛かりに環境配慮の消費者行動を理解することも可能である。たとえば，知識が形成される構造と知識の蓄積の源泉となる経験などの関係性，相互依存的な関係から，行動を理解する方法である。この研究アプローチは，因果関係をもつ要因の連鎖によって分析するわけではない。

二つの研究方法に基づくモデルは，項を改めて詳細に述べるが，理解を深めやすい西尾のエコロジー行動モデルとワグナーの知識―経験に基づく行動モデルがある。これらのモデルに関連する主要な説明要因を読み解くことにより，環境配慮な購買行動，消費・使用行動，廃棄行動の理解を深められる。

❸ 環境配慮な消費者行動の影響要因

(1) 環境影響要因

1）社会階層

社会階層は，市場を細分化する人口統計的属性の変数である所得・学歴・職業の社会経済的特性で構成された概念である。リサイクルへの態度と行動の関係を説明するため，単一の人口統計的属性の変数を用いた結果は弱い関係性しか認められなかったというダイヤモント-ポロスら（Diamantopolos et al., 2003) の指摘がある[12]。

しかし，社会経済的特性の変数の合成による社会階層は一般的な行動にはそれなりの説明力があると考えられ，リサイクル行動に限られてはいるが，ヒース（Heath, 1998）によれば，社会階層が地域社会の近隣住民のリサイクルへの好意的な態度を形成するのに影響を与えると指摘している[13]。

アイヤとケイシャップ（Iyer and Kashyap, 2007）は，社会階層を家族の両親の所得・学歴・職業の変数で合成し，それによってリサイクル行動を分析した結果，社会階層は環境配慮の一般的な態度や行動に影響を与えることはなく，リサイクルの態度と行動のみ，影響を与えると述べている[14]。なぜかといえば，消費者は個人的なリサイクルの行動が地球的規模の環境問題の解決に大きな効果を及ぼさないと考えがちだからである。また，リサイクル行動への影響は，環境配慮の一般的な行動への影響とは別の要因があると述べている。

2）準拠集団

準拠集団は，家族や地域社会の友人・知人などであり，環境配慮の消費行動や廃棄行動に影響を与える。

たとえば，ミュニズとオギン（Muniz and O'Guinn, 2001）は，地域社会あるいはコミュニティでもよいが，その近隣住民の中で自己消費としての食糧などの生産に関与する者がいれば，地域社会全体に生産と消費のバランスのとれた生活を追求することを奨め，そのバランス感覚の浸透に影響を与えると指摘している[15]。

シャウとニューホーミィ（Shaw and Newholm, 2002）は，持続可能な地域社会で暮らしている住民は広範囲な社会問題に関与しながら，フェアトレードを実践していると指摘している[16]。

3）社会規範

前述の準拠集団は，その集団内で形成されるルールや規範を有しており，それらの規範に影響を与えると考えられている。

たとえば，バーガーとカネットカー（Berger and Kanetkar, 1996）は，

家族のリサイクルに向ける態度とリサイクル行動には強い関係があること[17]，ケイシャップとアイヤ（Kashyap and Iyer, 2001）は，家族のリサイクル行動は職場のリサイクル行動から影響を受けると指摘している[18]。

環境配慮なリサイクル行動は，比較的身近な人間関係で築かれる家族や職場の準拠集団がもつルールや規範の影響を受けやすいと考えられる。

4）状況要因（シチュエーション）

準拠集団の最小単位，家族が環境配慮の消費を行うには，家族構成員のコミュニケーションが影響を与えると考えられる。グランホッジ（Grønhøj, 2006）によれば，コミュニケーションの相互作用は，構成員の間にもし会話などを通じて意見の不一致があれば，構成員の能力に依存しながら，一致点を見つける調整の行動をとると指摘し，環境配慮の消費についても，構成員同士が多かれ少なかれ，賛成か反対かの立場を複数の問題について調整するような行動をとると指摘している[19]。その複数の問題の調整に関連していえばトージャセンら（Torjusen et al., 2004）は，環境問題は健康，環境や食品の品質・味に関心をもって購入する有機農産物を選択するときの問題[20]，ペダーソンとブローガード（Pederson and Broegaard, 1997）は，生活の習慣や環境への関心，利便性に係わる電気を使用するときの問題[21]と関連があると指摘している。ジャービィら（Yerby et al., 1998）は，家族構成員の会話の中では，環境問題は味覚・利便性・健康などの複数の問題と関連しているので，意見の不一致があれば，調整される可能性があることを指摘している[22]。

家族は，複数の生活問題の中の一つとして環境問題を取り上げ，親子や夫婦の間の会話を通じて，環境問題が優先的に解決されるべきことなのかどうか，調整のプロセスを経て，納得がいけば一緒の行動をとると考えられる。

（2）個人的要因

1）パーソナリティ

パーソナリティは，市場を細分化する社会心理的特性の変数である。人間の性格の特徴として，一般的には物事に対して何事にも積極的に興味や関心

を示す進取的あるいは革新的な性格，それに相対する保守的な性格などがある。ラストヴィッカとヤーケムステラー（Lastovicka and Joachimsthaler, 1988）は，どのような性格であれ，個々人は時間の経過に従い，ある行動への同調意識を段々と浸透させていくので，比較的単発的な行動よりも継続的な行動に影響を与えることを指摘している[23]。

環境配慮な行動は，一般的には，環境知識があって進取的な人々が環境配慮の必要性を強調する行動に影響を与えるだろうし，また彼らは省エネルギーや環境配慮製品の購入と使用に影響を与えると考えられる。

フラジとマルティーネス（Fraj and Martinez, 2006）は，パーソナリティを複数の変数でモデル化し，環境配慮な行動を分析している。その内容は，パーソナリティを構成する社会性（extroversion），愛想（agreeableness）及び誠実性（conscientiousness）の3変数が，環境配慮な消費者の特性であり，特に環境問題への関心が強く誠実性の厚い消費者は，環境配慮製品の購買とそのような製品へスイッチすることに影響を与えることを指摘している[24]。

2) ライフスタイル

有機農産物を料理の素材にしたり，古材を利用したテーブルや家具を使用する人々をロハス志向（Life for Health and Sustainability）の消費者といわれている。このほか消費と廃棄に持続可能性をより重んじる質素倹約志向の消費者は，どのような生活を追求しようとするのか，そのライフスタイルを述べる。

シィクションミカリイとローチバーグ・ハルトン（Csikszentmihalyi and Rochberg-Halton, 1981）は，質素倹約志向の生活者は，「生活を質素にする，そしてより節約志向，より健康志向，よりバランスのとれたライフスタイルを自主的に選択する者」と定義している[25]。質素倹約志向の生活は，その定義によると，消費の減少，倫理的な消費，持続可能な消費の意味を含んでいると考えられる。

バレンタインとクリー（Ballantine and Creery, 2010）は，質素倹約志向のライフスタイルと廃棄行動の関係を強調する。廃棄行動は，所有してい

る消費財（製品）についての意味の解釈によって変わる。廃棄の目的は，モノの所有権の移転を通じ，あるいは消費者のアイデンティを表す手段として，他者にその価値を受け継いでもらう動機を含んでいる。したがって，質素倹約を心掛けて廃棄をするにしても，そうした生活志向を持ちはじめた頃はモノの所有への関与が大きく影響し，選択する手段は多様となる。そして，多くの廃棄行動は，生活の整理整頓の一部であり，非計画的や衝動的に買われた商品や自分にとって不必要なギフトに向けられると述べている。

3) 性的要因

環境配慮な消費者行動を理解するには，男性と女性の間の行動に差異があるかどうか，この検討も意義があるが，これまでは，明確な差異がないとしている。

グランホッジとオランダー（Grønhøj and Olander, 2007）は，家庭内の男女関係において，環境配慮を支持する消費者行動で性的な差異がないことを検討し，消費行動を男女が役割分担をして実践しているのではないかと指摘している[26]。その内容は，日常の習慣的な家事の活動では，男女の役割分担と責任の範囲が定められており，それぞれが専門家（specialist）として，家事を担っている。たとえば，男性は生活ゴミの廃棄の実践に携わる傾向があり，女性は有機農産物の購入を習慣化して，環境配慮商品を選択する傾向があると述べている。

また，ブロッカーとエックバーグ（Blocker and Eckberg, 1997）は，有機農産物の購入に関連していえば，家族では健康を大切にすることが論議され，男女間の対等な関係の社会化のプロセスの中で，両者が購入の動機づけをする役（女性）と実践の世話役（男性）の違いがなくなるという指摘もある[27]。

したがって，家庭内の男女間には，社会化の影響の程度に応じて，環境配慮な消費や廃棄行動の役割分担の在り方が変わることも考えられる。

4 環境配慮な消費者行動の分析

(1) 要因連関によるエコロジー行動モデル

1) 行動モデルの概念枠組み

　消費者行動の研究では、認知心理学の学問的成果を応用した情報処理モデルの研究が主流であり、行動は情報処理プロセスとして捉えられ、因果関係のある要因の連鎖から解明される。環境配慮の消費者行動も態度−行動モデルを基礎として、様々な研究方法があるが、複数の要因より行動を説明する西尾のエコロジー行動モデルが理解しやすい。それはエコロジー（環境配慮）の視点から、関与―認知構造―態度―行動という、複数の要因の解明により、消費者の行動を理解することに特徴がある。そのモデルを構成する主要な概念は何かを中心にして、述べる。

2) 西尾のエコロジー行動モデル[28]

　西尾がエコロジー行動モデルの基盤を構築し、その概念を拡張したのが西尾・竹内（2006）のエコロジー行動モデルであり、それを構成する主要な概念は、「エコロジー関与」、「認知構造」、「エコロジー態度」である（図表5-4参照）。

　①エコロジー関与

　人間の行動には行動を起こそうとする要因（動因）があり、その動因は様々な欲求を満たすために高められ、そして欲求を満たす製品（誘因）によって消費が行われると動因が低まる。そのとき誘因となる製品にどのような価値があるのかが学習され、これらの行動が動機づけのメカニズムを形成すると考えられる。青木（2011）は、関与とは、このメカニズムを前提に、「製品やサービスと欲求や価値とが結びついて形成される、目標志向的な活性化状態のこと」[29]と定義している。したがって、関与水準が高ければ、行動が活性化し情報処理も活発になるが、関与水準が低ければ、行動や情報処理が活性化しないことになる。

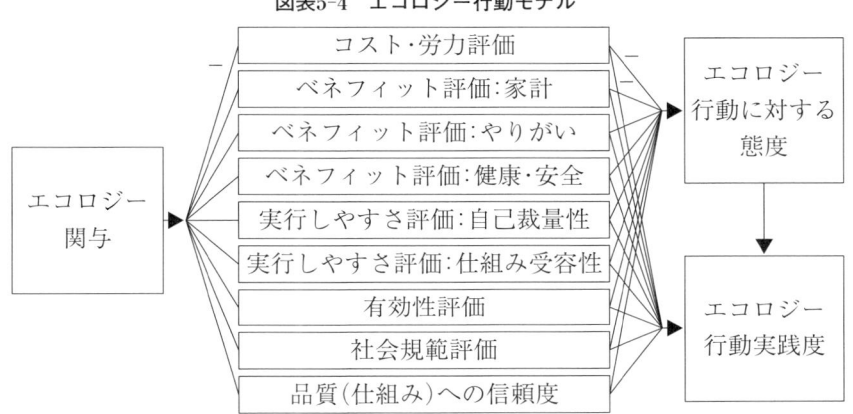

図表5-4　エコロジー行動モデル

```
                ┌─── コスト・労力評価 ───┐
                │   ─                ─  │
                ├─── ベネフィット評価：家計 ───┤
                ├─── ベネフィット評価：やりがい ───┤     ┌──────────┐
┌────────┐      ├─── ベネフィット評価：健康・安全 ───┤     │ エコロジー │
│エコロジー│──────┤                              ├────→│ 行動に対する│
│ 関与   │      ├─── 実行しやすさ評価：自己裁量性 ───┤     │   態度    │
└────────┘      ├─── 実行しやすさ評価：仕組み受容性 ───┤     └────┬─────┘
                ├─── 有効性評価 ───┤                          │
                ├─── 社会規範評価 ───┤                          ↓
                │                                        ┌──────────┐
                └─── 品質(仕組み)への信頼度 ───┘          │ エコロジー │
                                                       │行動実践度│
                                                       └──────────┘
```

(注)図中の－は,負の因果関係を示す。印のないものは,正の因果関係を仮定している。
(出所) 西尾・竹内（2006), 19頁。

　西尾と竹内は，環境配慮の消費者行動を理解するには，環境問題に対する一般的な意識や関心以上に，関与の概念を解明の手掛かりに必要と考え，エコロジー関与の概念を提示した。その概念は,「エコロジー行動を実践することが,消費者個人の価値体系における中心的でより重要な価値の実現と深く結びついているゆえに喚起される活性化された状態」と定義している[30]。エコロジー関与が高くなれば，環境問題の解決に係わる認知の形成や知識の活用を高め，問題解決の行動が消費者の個人的な価値を高めることになると述べている。消費者は一般的な環境意識を高めているが,環境配慮の行動をしないことも多く，行動を引き起こすには,生活の中に浸透している価値との結びつきを強めることが重要なのである。

　エコロジー関与については，ジャンソンら（Jansson et al., 2011）が,エコロジー関与の高水準の消費者は革新的な石油代替燃料車（植物由来燃料や電気自動車）の早期採用者になると指摘している[31]。その説明では,スターン（Stern, 2000）が提示したPNの概念（環境劣化の責任の原因と責任の帰属を自覚していれば,個人が環境配慮の行動を喜んで実践するモラル的義務感が形成されるという経験的規範）が有効であると述べている。なお,ミントンとローズ（Minton and Rose, 1997）はPNの概念は低関与な非耐

久消費財の購買行動を理解する変数として，その有効性が認められていると述べている[32]。

このエコカーの事例が示すように，耐久消費財か非耐久消費財の製品カテゴリーを考慮する必要があるが，エコロジー関与が高くなれば，地球環境問題の解決ばかりでなく，個人の価値を高めることにつながり，それが環境配慮の行動に影響を与えると考えられる。

②エコロジー態度

態度の概念について，青木（2011）は，「経験や学習を通じて，選択対象であるブランドや店舗などに対して，「好き・嫌い」「良い・悪い」といった全体的な評価（心理的な構え）のこと」と定義している[33]。それは選択の対象に対する特定の行動の準備状態，たとえば適合しやすい・適合しにくいの心構えであり，行動を規定する重要な説明の要因と考えられている。なお，態度が形成される対象はコト（事象）も含まれている。

こうした態度の概念からいえば，エコロジー態度は環境配慮の製品や事象に対する特定の行動の準備状態ということになる。スターン（Stern, 2000）は環境に対する一般的な先有知識や態度が一般的な行動に影響を与え，特定の先有知識や態度が特定の行動に影響を与えることを指摘している。また，ハインツら（Hines et al., 1987）は，環境配慮の特定な態度が特定の行動に影響を与えることを指摘している[34]。これらのエコロジー態度に関連して，西尾と竹内は，環境問題に対する特定の態度が特定の行動に影響を与えるとし，たとえば，リサイクルへの態度はリサイクルの行動に影響を与えると指摘している。

③認知構造

エコロジー関与がエコロジー態度の形成にどのような影響を与えるかは，これらの要因の間に介在する認知構造の形成に依存する。認知構造は，新倉（2005）によると，「消費者の知識は製品やその属性などの対象や消費経験などの事象が記憶によって再生されたりする，記憶表象である認知の要素が互いに関連しながら，構造化させていること」と説明している[35]。この認知構造の内容は，消費者の認知プロセスを通じて，経験から蓄積された様々な環境知識，環境配慮な行動のもたらす結果に対する評価などから形成されて

いる。

　認知構造を形成する内容は,「コスト・ベネフィット評価」があり,環境配慮な行動が手間がかかるとか生活コストを高めるとかなどの阻害要因があったり,生活コストを下げたり,楽しくてやりがいがあると思う促進要因がある。次は,「実行しやすさ評価」であり,行動に取り組みやすい仕組み,マイペースで取り組める「自己裁量性」などの促進要因がある。また,「有効性評価」があり,行動が環境配慮に有効と感じる消費者の主観的な知覚の程度を表す促進要因,そして「社会規範評価」があり,消費者が準拠集団から環境配慮な規範の影響を受けることへの評価,さらに「品質への信頼度」があり,行動の背後にある環境配慮な仕組みへの信頼度を示す促進要因がある。

　以上の要因連関の分析から,環境配慮な購買行動と消費・使用や廃棄行動が理解されており,その特徴的な結果について述べる。

　購買行動では,「省エネ家電の選択」は家計費の削減とやりがい感,店舗にアクセスしやすいという仕組み受容性と品質への信頼度,社会規範の影響を受けている。「有機・低農薬野菜の選択」は受入可能な許容範囲内の価格の低減と品質の信頼度の影響を受けている。「リサイクルショップの店舗選択」は,やりがい感や社会規範,自分の能力(労力・知識・技能)の範囲内で協力する「自己裁量性」の影響を受けている。

　また,消費・使用行動では,「省エネ(冷暖房)行動」は家計費削減とコスト・労力の低減,やりがい感や仕組みの受容性の影響を受けていることが指摘されている。

(2) ワグナーの知識―経験概念による行動モデル

1) 行動モデルの概念枠組み[36]

　これまでの認知心理学アプローチに基づく情報処理モデルの概念枠組みに依拠しつつ,認知人類学アプローチを併用している。認知については,ワーゲンネットとボロ (Wagenknecht and Borel, 1982) が,「生物が対象の知識を得る,あるいはその環境を知る全プロセス(知覚,発見,認識,イメージ,判断,記憶,学習,思考)」[37]と定義しており,ワグナーは知識,経験,

能力に関する概念に着目した。

　それとともに，リーバイ・ストラウス（Levi-Strauss, 1966）が，「人類学の研究方法から，人間の知識構造の様式が植物を系統立てて階層的に分類することを発見し，その知識が日常生活の問題解決に用いられる目的志向的な特質がある」という分析結果[38]も，ワグナーは重視している。なぜならば，日常生活の問題解決には，実践的な思考力と技能が必要とされるからである。一般的には，人類学は現象文化（Phenomenon Culture）に関係する要因を用い，行動の比較的大きな単位を分析し解明してきたが，消費者行動においても，その行動の意味を探求し理解する方法として採用されてきている。人間の知識が日常生活の購買や消費・使用行動の問題解決にむけて，どのように発達させ使用するかを理解する方法も必要と考えられる。

　したがって，環境配慮の消費者行動は，認知心理学アプローチによる知識構造の解明，認知人類学アプローチによる問題解決行動と学習（実践的思考力と技能）の解明により，理解を深められる。ただし，消費者行動の分析の対象となる製品は，日常生活に密着する食品・生活用品に限定されている。

2）知識構造[39]

　ベットマンの情報処理モデルでは，「短期記憶」で一時的に保持された情報が「長期記憶」に転送され，そこで保持された情報が知識として形成され，蓄積されることになる。その知識の構造は，コンピュータの情報処理システムにたとえるならば，知識の内容（データ・ファイル），認知の処理操作（応用ソフトウェア），スキマータ（総合的な概念：システム・ソフトウェア）で構成され，貯蔵された情報を含み，それを変換した知識とその意味づけをするものと考えられている。知識構造を理解する主要な考慮すべき留意点として，「知識の内容」，「カテゴリー知識」，「固有な特質」について説明する。

①知識の内容

　知識の内容には，情報を貯蔵し知識に変換する領域があり，その領域内に記述知識と手続知識がある。記述知識とは，対象や概念に関する知識であり，たとえば対象は環境配慮製品，概念は製品の環境配慮属性と考えられる。し

かし，製品は選択に必要な情報の手掛かりの束であり，消費者のニーズを引き出し，様々な価値をもち満足を得られるものとして捉えられるが，その捉え方は極めて主観的である。青木（2011）は，「製品の特性情報は組織・構造・機能に関する客観的な情報，属性情報はその特性を参照して消費者のニーズを充足できるかどうかの主観的な判断に関する情報である」と指摘している[40]。したがって，属性情報は主観的な情報の判断に使われるが，フラー（Fuller, 1999）は，「環境配慮属性は触知しにくいかつ可視化しにくい性質を多く含む」ことを指摘している[41]。このことは環境配慮属性は主要な属性ではなく副次的属性と評価されやすく，消費者ニーズとして知覚しにくいと考えられる。これらのことを考慮すれば，消費者が環境配慮属性の評価にどのような情報を活用し，主観的な判断と意味を見出せるかは結構むずかしいことであり，製品が食品や生活用品の場合，環境配慮の属性情報よりも日常生活で蓄積された知識を活用し，購入対象となる製品を判断することが多いと考えられる。

また，記述知識はエピソード知識と意味知識に分類される。エピソード知識は非常に具体的な性質があり，一時的に記憶されている出来事，たとえば，昨年春に購入したエコカーなど，観念的かつ自伝的である。意味知識は何が環境配慮的な車両にするのかなどの一般的な考え，対象や概念を特徴づける事実的あるいは一般的な知識である。

さらに手続知識は，行動を起こすためのルールや知識であり，問題を解決する方法の知識である。現実の日常生活の文脈においては，記述知識の内容により，生活問題の中で環境に配慮することはどんなことかを知り，それが手続知識に反映され，環境配慮の問題解決の行動をすることに通じると考えられる。

②カテゴリー知識

知識の内容は，一般的には階層的に構造化された領域に関係した知識として概念化される。領域は，記述知識で述べたように，対象や概念のような要因によって特徴づけられ，同じ特徴をもつ対象の集合を形づくる，つまりカテゴリーを形成することになる。新倉（2007）は，「カテゴリー化は対象間の識別であり，「対象の同定」あるいは「対象の意味を見出す」という積極

的な意味を含む」と述べている[42]。そして，階層化がどのように形成されるかといえば，まず包括的な概念としての製品があり，これが次には一つの概念となり，それがさらには特定の製品の種類を特徴づける対象として捉えられる転置の関係（概念―対象―概念）によって形成される。青木（2011）は，「階層化は上位レベル（一般的・抽象的知識に基づく包括的カテゴリー），基礎レベル（明確な特徴づけの内容のあるカテゴリー），下位レベル（特殊化・具体化されたカテゴリー）で構成されるとし，その基準はカテゴリー間を明確な境界線で分類する定義的特性で決まること」を指摘している[43]。

　カテゴリー化は，自己組織化（個人の価値観に基づいて，自律的に階層を形成する）されると考えられる。環境配慮製品で説明すれば，包括的な概念としての環境配慮製品（対象）があり，これを一つの概念（環境配慮属性）とする有機農産物（対象）があり，有機農産物の環境配慮属性「安全かつ安心」を概念とする有機野菜（対象）が分類されるように，階層的に構造化されると考えられる。なお，カテゴリー化の単位は，製品の属性よりもむしろ製品の名称（ブランド）と考えられている。なぜかといえば，消費者は製品の名称（ブランド）で購入するからである。

③固有な特質

　知識の内容は，知識の包括性（貯蔵された領域に関係する情報の量），知識の複雑性（階層レベルの数：知識の特質の相互依存性と各レベルの知識内容の数），抽象性（知識の技能的な関係：対象（製品）と概念（属性）の関係の転置），具体性（知識の具体的な関係）で構成されており，これらの固有性は相互関連性がある。

　さらに，知識の内容と認知の処理操作の間には，密接な相互作用がある。認知の情報処理は，情報の選択，特定化（対象と概念の識別と記号化），抽象化（分類，カテゴリー化），解釈（意味の検索，分析，理解），統合（経験の想起）の5段階があるが，これらのプロセスを通じて，知識の内容は蓄積される。そして，知識の内容は認知の処理操作を通じて形成され，解釈と統合プロセスを通じて，抽象性と複雑性を高めると考えられている（図表5-5参照）。

図表5-5　環境配慮な消費者行動の理解

```
┌─────────────────────────┐
│     認知心理学的枠組み        │
│   合理的行動の構造的分析視点    │
│   知識構造の自己組織化システム   │
│        知識の内容            │
│       認知の処理操作          │
│        スキマータ            │
│      （総合的な概念）         │
└─────────────────────────┘
          ▲
       相互│作用
          ▼
┌─────────────────────────┐
│     認知人類学的枠組み         │
│ 日常生活の問題解決行動の経験的分析視点 │
│   経験の歴史的・文脈依存的システム  │
│          精通               │
│          能力               │
│        実践的思考力           │
│        ブリコラージュ         │
└─────────────────────────┘
```

（出所）Wagner（1997），Figure2.5, p.50.

3）経験と能力

　知識構造は認知の発達で影響を受け，経験は認知の発達に影響を与える。経験は過去の推論能力（筋道の通った考え方）を反映する。つまり，経験は蓄積された知識の内容とそれで発達した認知の処理操作を通じて深められる。時間が経過すれば，推論能力は知識の蓄積で構造を発達させ，経験も蓄積されて高まる。

　知識構造を発達させる影響要因は，経験と本来的能力（総合的な概念）である。経験は日常生活において，環境や生活の特定の文脈の中で，問題解決をする行動により蓄積される。消費者は生活の文脈依存的な性質を有し，買い物の問題を解決するとき，主観的に認知する選択の仕方により，その性質を特徴づけている。たとえば，消費者が野菜を購入するとき，長年の経験上，おいしく食べることが健康につながると信じていれば，減農薬野菜をおいしくかつ健康に役立つものと理解し，購入する。経験は，精通と能力に分類さ

れ，これらは問題解決の行動を起こすときに関係する文脈への依存を引き出す役割を担っている。

①精通

精通は実行による学習（トライ＆エラー）と考えられ，集積された製品関連の経験の数に関係する。精通が蓄積されると，情報探索は外部情報の必要性が減少し，内部情報に依存することになる。蓄積した知識の使用は，一般的には問題解決の行動を習慣化（ルーチン）する。

②能力

能力は実践的思考力とブリコラージュ（有り合わせの道具で問題を解決する）に分類され，教えられる学習と考えられる。能力は，知識の内容が包括的，かつ複雑で抽象的な特質を高次化することにより高められ，これらの特質と密接に関係する知能の概念である。知能は問題解決のパターンを理解し，ある事象からルールや原則を発見する，情報を分析する能力である。能力は精通と密接な関係にあり，たとえば自転車乗りの学習（実行による学習の経験）のように，深く考える必要のない行動でも，精通と認知の文脈依存的な解釈（乗る数が増えるにつれて，自然にバランスの取り方に工夫が加わる）から，行動には何らかの意味があり，実行して成果を得ることもある。

実践的思考力は，行動の知能的側面，能力の文脈依存的な概念と考えられる。その概念は，たとえば日常生活の買物問題の解決はその買い物の仕事と仕事への文脈（手間暇かけない仕方で買い物をする）を密接不可分な関係と捉え，そのため，買物問題は文脈に依存して解決される。また，ブリコラージュは一言でいえば器用な仕事の仕方であり，問題の解決はある仕事の文脈において，どんな問題解決のツールが有用かの認識を手掛かりに，有り合わせの道具，たとえば手間暇かけない買い物は事前に用意した料理メモなどで簡略化される。

4）消費者行動の分析結果[44]

日常生活の文脈から解釈される環境配慮の消費者行動は，まず製品の環境配慮属性の探索・選択からはじまる。消費者が製品LCA情報[45]の環境配慮属性と一般属性の探索・選択に違いがあるかどうかを判断することである。

日常生活で使用される食品や生活用品では，「地域密着性（地産地消）」，「生産プロセス」，「リサイクル素材」などのLCA表示情報は，消費者にあまり考慮されていないと考えられている。地産地消は厳密にはLCA情報ではなく，その代替情報であり，消費者はそれを探索・選択している。なぜそのような選択をするのかといえば，リーバイ・ストラウス（Levi-Strauss, 1966）が「実践的思考力は様式化された科学的な特質からではなく，経験的に役に立つ感覚的な性質から生じる」[46)]と指摘するように，消費者はLCA情報の科学的データの正確性に反応しているわけではない。消費者は製品の外観的（色・つや・形の良さ）な把握に能力を発揮し，現状では実践的思考力で判断していることが多いからである。

　次に，環境配慮属性の理解の仕方であるが，消費者は買い物のとき，製品パッケージ情報や売場関連情報などに注目し探索するが，実際に把握される情報は制約され，役立つ情報は簡略化されて，問題解決に活用される。問題解決は，生活の中の文脈に依存しながら主観的に取り込まれた情報と先有知識を統合し，実践される。ただし，消費者は，知識の内容を豊かにすれば，環境配慮属性の理解の仕方をより柔軟かつ創造的に実践できると考えられる。

　さらに，購買問題の解決は，購買の仕事の困難さをどの程度理解するかに関係している。環境配慮製品の購買の仕事はむずかしく，①属性評価に関する知覚される情報，②環境配慮の相対的効果（一般属性との知覚上の対立），③状況的な制約（時間や入手の容易性）などの問題も影響する。消費者が，仕事自体の困難さと関連する問題を解決するには，実践的思考力とブリコラージュの能力を高める必要がある。知識の内容が豊かになれば，情報の探索・選択・評価の能力も高まり，主観的な情報に対する認識と環境配慮への判断が強まる。この考え方は，生活の「文脈依存の記憶」と一致し，これは実践的思考力とブリコラージュの能力の強化に重要な役割を果たすと考えられている。

❺ おわりに

　環境配慮の消費者行動は，日常の生活行動と密接な関係があり，その生活

行動の理解なくしては，消費者行動の理解もむずかしい。環境配慮の消費者行動がより一層理解を深められていくためには，検討すべき課題がいくつかある。

　まず，要因連関モデルによる消費者行動の分析では，態度―行動モデルを基礎として，広範囲にわたる研究方法論及び手法によって，消費者行動の理解が深められている。その消費者行動の分析は，情報処理理論に依拠したモデルにより，行動の解明を行っているが，どちらかといえば選択問題の解決に焦点が当てられている。しかし，環境配慮の購買行動のうち，製品や店舗の選択などの研究の蓄積は必ずしも多くはない。これらの選択問題の研究とともに，ブランドの問題もこれからの重要な検討課題と考えられる。つまり，一般製品に環境配慮属性を適確に組み込み消費者の知覚価値を高め，ブランド力をさらに強めていくか，あるいは新たな製品カテゴリーを創出してブランド開発をするか，さらにブランドを拡張して消費者の購買意欲を高めていくか，そのような選択問題も検討課題として，その重要性が増していくと考えられる。

　また，日常生活の中で多く消費・使用する食品や生活用品は，ワグナーが指摘するように，生活の文脈の中で製品やブランドの経験を重ねて蓄積される知識により，選択が行われることは，十分理解できることである。環境配慮の知識は，個人的かつ特定な生活の文脈依存的な実際の行動を通じて発達し，製品やブランドの選択に応用される。たとえば，スターンが提案する文脈的要因も，環境配慮製品の選択問題を解明する説明要因としてより多く取り扱うこともこれから必要である。その説明変数化が可能となれば，環境配慮な食品や生活用品の購買行動や消費行動をより精度を上げて理解する手掛かりとなる。さらに，ワグナーの知識―経験概念で捉えた行動モデルも選択問題の解決に焦点が当てられているが，意思決定の判断問題（製品ライフサイクル段階や製品特性に応じて，包括的あるいは限定的問題の解決で行うのか）も新たな研究方法論及び手法により解明されれば，環境配慮の消費者行動をさらに深く理解する可能性が高まると考えられる。

注）

1) 日本自動車工業会によれば，ハイブリッド車はトヨタが1997年，ホンダが1999年に発表されており，2000年の出荷台数が1万3000台であった。リーマン・ショック後の景気刺激策として，エコカー補助金政策も好影響を及ぼし，2009年には国内出荷台数が46万6000台に達した（『朝日新聞』2010年10月31日朝刊）。
この46万台は，乗用車年間販売台数421万台（2010年）の11％程度である。また，トヨタの国内累積販売台数については，下記のホームページを参照した。(http://www.ecool.jp/press/2012/05/toyota12-hv0522.html,2012年5月16日アクセス)
2) Peattie (1992)，邦訳140-150頁。
3) 小原（2011），229頁。
4) Stern (2000), pp.407-424.
5) Guagnano et al. (1995), pp.699-718.
6) 計画的行動理論は，アズゼンが提唱し，人間が行動するときには目的があり，目的に対する行動の意図があり，その行動意図は行動に対する態度，主観的な態度，行動の統制力から影響を受けるという考え方である。詳しくは，下記の文献を参照のこと。
Ajzen (1991), pp.179-211.
7) Fishbein & Ajzen の態度・行動モデルは，下図のとおりである。

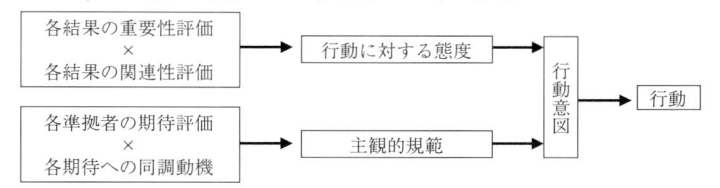

```
各結果の重要性評価
    ×           ──→ 行動に対する態度 ──┐
各結果の関連性評価                        ├→ 行動意図 ──→ 行動
各準拠者の期待評価                        │
    ×           ──→ 主観的規範       ──┘
各期待への同調動機
```

態度は，行動とその結果との結びつきの強さについての関連性評価，各結果の重要性評価の二つの積の総和で決定され，主観的規範は，行動に対する準拠者（家族・友人）の期待についての評価，行動者がその期待に同調する動機づけの強さの二つの積の総和で決定される。そして，行動に対する態度と主観的規範が，行動意図を規定する。下記の文献を参照のこと。
広瀬（1992），339-360頁。
8) 広瀬（1994），44-55頁。
9) eBay は，アメリカで1995年に設立された世界最大級のインターネット・オークション会社であり，2007年6月時点では，世界28か国に拠点を拡げ，正規登録者数2億3000万人，出品点数10億点のオークションサイトに拡大している。（ウィキペディア http://ja.wikipedia.org/wiki/EBay）
10) Denegri-Knott and Molesworth (2009), pp.305-315.
11) Ballantine and Creery (2010), pp.45-56.
12) Diamantopolos et al. (2003), pp.465-480.
13) Heath (1998), pp.51-55.
14) Iyer and Kashyap (2007), pp.32-47.
15) Muniz and O'Guinn (2001), pp.412-433.
16) Shaw and Newholm (2002), pp.167-185.

17) Berger and Kanetkar (1996), pp.205-215.
18) Kashyap and Iyer (2001), pp.71-79.
19) Grønhøj (2006), pp.491-503.
20) Torjusen et al. (2004).
21) Pederson and Broegaard (1997).
22) Yerby et al. (1998).
23) Lastovicka and Joachimsthaler (1988), pp.583-587.
24) Fraj and Martinez (2006), pp.167-181.
25) Csikszentmihalyi and Rochberg-Halton (1981).
26) Grønhøj and Olander (2007), pp.218-235.
27) Blocker and Eckberg (1997), pp.841-858.
28) 西尾・竹内 (2006), 18-24頁。
29) 青木 (2011), 68頁。
30) 西尾・竹内 (2006), 18頁。
31) Jansson et al. (2011), pp. 51-60.
32) Minton and Rose (1997), pp.37-48.
33) 青木 (2011), 69頁。
34) Hines et al. (1987), pp.1-18.
35) 新倉 (2005), 197-200頁。
36) Wagner (1997), chap.1, pp.1-27.
著者は、イギリスとドイツの消費者101人を対象とし、食品及び生活用品に限定した環境配慮製品及び一般製品の購買と消費行動に関する定量分析を行い、行動の理解を深めるためにインタビューによる定性分析を併用した実証研究を基礎として、理論を構築したものである。
37) Wagenknecht and Borel (1982), p.177.
38) Levi-Strauss (1966).
39) Wagner (1997), chap.2, pp.28-62.
40) 青木 (2011), 169-170頁。
41) Fuller (1999), p.131.
42) 新倉 (2007), 81-99頁。
43) 青木 (2011), 175-183頁。
44) Wagner (1997), chap. 6, pp.174-191.
45) 製品LCA情報とは、製品ライフサイクルの全段階、原材料調達・生産・物流・販売・消費・消費後の段階において、環境影響側面（水・大気・土壌等）にどの程度の環境負荷をかけているかを測定し、科学的データとして取りまとめ、客観的にわかりやすく提供された情報である。
46) Levi-Strauss (1966), p.269.

主な参考文献

青木幸弘 (2011)『消費者行動の知識』, 日本経済新聞社, 40-190頁。
小原博 (2011)「第11章 マーケティング領域の拡張」『基礎コース マーケティング』, 新世社,

229頁。

新倉貴士（2005）「第7章 消費者の情報探索と知識形成」田中洋・清水聰編『消費者コミュニケーション戦略』，有斐閣，179-201頁。

新倉貴士（2007）「第5章 消費者の知識—カテゴリー知識の構造—」『消費者の認知世界—ブランド・マーケティング・パースペクティブ—』，千倉書房，81-99頁。

西尾チヅル・竹内淑恵（2006）「消費者のエコロジー行動とコミュニケーションの方向性」『日経広告研究所報』，230号，18-24頁。

広瀬幸雄（1992）「環境問題に関連する消費行動の意図決定モデル」『心理学評論』，第35巻第3号，339-360頁。

広瀬幸雄（1994）「環境配慮的行動の規定因について」『社会心理学研究』，第10巻第1号，44-55頁。

Ajzen, I. (1991), "The Theory of Planned Behavior," *Organization Behavior and Human Decision Processes*, No.50, pp.179-211.

Ballantine, P.W. and S. Creery (2010), "The Consumption and Disposition Behavior of Voluntary Simplifiers," *Journal of Consumer Behavior*, No.9, pp.45-56.

Berger, I. and V. Kanetkar (1996), "Increasing Environmental Sensitivity via Workplace Experiences," *Journal of Public policy and Marketing*, Vol.14 No.2, pp.205-215.

Blocker, T. J. and D.L. Eckberg (1997), "Gender and Environmentalism: Results From the 1993 General Social Survey," *Social Science Quarterly*, No.78, pp.841-858.

Csikszentmihalyi, M. and E. Rochberg-Halton (1981), *The Meaning of Things: Domestic Symbols and the Self*, Cambridge University Press.

Denegri-Knott, J. and M. Molesworth (2009), "I'll Sell This and I'll Buy Them That: eBay and the Management of Possessions as Stock," *Journal of Consumer Behavior*, No.8, pp.305-315.

Diamantopolos, A., B. Schlegelmich, R. Sinkovics, and G.M. Bohlen (2003), "Can Socio-Demographics Still Play a Role in Profiling Green Consumers? A Review of the Evidence and an Empirical Investigation," *Journal of Business Research*, No.56, pp.465-480.

Fraj, E. and E. Martinez (2006), "Influence of Personality on Ecological Consumer Behavior," *Journal of Consumer Behavior*, No.5, pp.167-181.

Fuller, D.A. (1999), *Sustainable Marketing*, Sage Publications, p.131.

Grønhøj, A. (2006), "Communication about Consumption: A Family Process Perspective on 'Green' Consumer Practices," *Journal of Consumer Behavior*, No.5, pp.491-503.

Grønhøj, A. and F. Olander (2007), "A Gender Perspective on Environmentally Related Family Consumption," *Journal of Consumer Behavior*, No.6, pp.218-235.

Guagnano, G.A., P.C. Stern and Dietz (1995), "Influences on Attitude-Behavior Relationships: A Natural Experiment with Curbside Recycling," *Environment and Behavior*, No.27, pp.699-718.

Heath, R. P. (1998), "The New Working Class," American Demographics, Vol.20 No.1 pp.51-55.

Hines, J. M., H.R. Hungerford and A.N. Tomera (1987), "Analysis and Synthesis of Research on Responsible Environmental Behavior: A Meta-Analysis," *Journal of Environmental Education*, No.18, pp.1-18.

Iyer, E.S. and R.K. Kashyap (2007), "Consumer Recycling: Role of Incentives, Information and Social Class," *Journal of Consumer Behavior*, No.6, pp.32-47.

Jansson, J., A. Marell, and A. Nordlund (2011), "Exploring Consumer Adoption of A High Involvement Eco–Innovation Using Value-Belief- Norm Theory," *Journal of Consumer Behavior*, No.10, pp. 51-60.

Kashyap, R. K. and E.S. Iyer (2001), "Attitudes and Behaviors of College Students in Regards to the Environment and Recycling," *In Developments in Marketing Science*, Vol.24, Moore M. and R. Moore (eds.), Academy of Marketing Science, pp.71-79.

Lastovicka, J. and E. Joachimsthaler (1988), "Improving the Detection of Personslity-Behavior Relationships in Consumer Research," *Journal of Consumer Research*, No.14, pp.583-587.

Levi-Strauss, C. (1966), *The Savage Mind*, Weidenfeld and Nicolson.

Minton, A, P. and R. L. Rose (1997), "The Effects of Environmental Concern on Environmentally Friendly Consumer Behavior: An Exploratory Study," *Journal of Business Research*, No.40, pp.37-48.

Muniz, A. M. and T.C. O'Guinn (2001), "Brand Community," *Journal of Consumer Research*, Vol.24 No.4, pp.412-433.

Peattie, K. (1992), *Green Marketing*, Pitman Publishing. (三上富三郎訳『体系グリーンマーケティング』, 同友館, 140-150頁)

Pederson, L. H. and E. Broegaard (1997), *Husholdnin-gernes Elforbrug-en Analyse af Attituder og Adfærd pa Energi-og Miljφonmradet,* AKF.

Shaw, D. and T. Newholm (2002), "Voluntary Simplicity and the Ethics of Consumption," *Psychology and Marketing*, Vol.19 No.2, pp.167-185.

Stern, P.C. (2000), "Toward a Coherent Theory of Environmentally Significant Behavior," *Journal of Social Issues*, No.56, pp.407-424.

Torjusen, H., L. Sangstad, J., K. O'Doherty and U. Kjaerns (2004), *European Consumers' Conceptions of Organic Food: A Review of Available Research 4*, SIFO.

Wagenknecht, H. and M. J. Borel (1982), "Cognition," in H. J. Eysenck, W. Arnold and R. Meili (eds.), *Encyclopedia of Psychology*, Continuum, p.177.

Wagner, S. A. (1997), *Understanding Green Consumer Behavior: A Qualitative Cognitive Approach*, Routledge.

Yerby, J., N. Buerker-Rothfuss and A.P. Bochner (1998), *Understanding Family Communication*, 2nd ed., Allyn and Bacon.

第6章

消費者の類型化分析

学習の要点

本章では、「消費者集団（＝市場）の類型化分析」について解説する。

マーケティングでは、「市場の創造と拡大」を問題としている。この場合の「市場」とは、「消費者の集まり（頭数）」のことである。つまり、マーケティングとは、自社製品を購入してくれる人を新しく作り出すか（創造するか）、これまでの自社製品・サービスの顧客数を増やす（拡大する）か、ということになる。

そのためには自社の製品・サービスに適した人々（消費者）を探すことが第一と考えている。すなわち、すべての人々を対象に自社の製品・サービスの特性情報を提供していたのではコストが掛かりすぎるが、その製品を購入するに相応しいと考えられる人々にできるだけアプローチした方が効果的と考える必要がある。しかし、そういう人々は自社の利益を発生させる程度の頭数（消費者集団）でなければならないだろう。

では、そうした人々をどのような考えに基づいて探し出したらよいのか。その方法の一つと考えられるのが「市場の類型化分析」である。また、その分析のときの考え方として、「比較する」という観点が重要となっていることについても解説する。

キーワード

比較の重要性，エリア・マーケティング，比較マーケティング，消費者行動の国際比較，国際市場細分化

❶ 市場における地域特性の重要性

　現代の日本ではなかなか不況から脱せないのは，国内市場が成熟化しているからだという。つまり，消費者がものを買わない（買えない）ところに原因があるとされる。しかしながら，ヒット商品は毎年のように生まれている。この点，企業側には，これまでの自社製品に何か工夫を凝らすことが必要ではないか，新しい製品を開発すべきではないか，といったことが要請されてくる。

　一方で，日本の企業の中には，成熟化した国内に見切りをつけ，海外に進出するところも出てきている。これを称して，現代はグローバル化の時代であるともいう。

　しかし，この場合ただ闇雲に外国の地域に進出することは得策ではないだろう。自社の製品・サービスを受け入れてくれるところで，しかも，利益の発生するところでなければならないのであり，これまでの国内市場への対応とは何ら変わるところがない。

　しかし，現在世界には200カ国以上の国と地域がある。しかし，これを市場として見たときは簡単ではないことが分かる。つまり，市場としての地域は以前に増して格段に広がっており，なおかつ国家数の拡大と縮小，またはグループ化という目まぐるしく変化する複雑な国際市場構造になっているからである。

　本章では，こうした問題点の解決の糸口をつかむべく地域特性ということに焦点を当て，「市場細分化分析」を解説する。

（1）消費者集団という捉え方

　最初に，「地域特性」ということについて考えてみよう。一般に，地域特性には，山・川など自然条件を云々する自然的特性，図書館や博物館など文化的施設の存在の有無を考える社会的特性，所得の高低を議論する経済的特性といったものが考えられる。しかしここでは，例えば，地域における人々の消費生活に注目し，地域間での生活上の意識や行動の違いを明らかにする

ことになる。これは、「市場特性」を考えるということにほかならない。この場合の「市場」とは、「消費者の集まり（頭数）」のことである。

一般に、人々は、一人ひとり違っているし、当然のことだが地域や国によっても違うと見られている。

一方で、自分と似たところもある人もいると感じるときがある。ある意味、自分が他の人と、ほとんど同じ考え方や行動をしているなと思うときに度々遭遇する。

一般的な意識（生き方や政治意識など）は、47都道府県間ですべて相違しているという調査結果もある。しかし、一般的な意識は相違するが、少なくても「消費者」としての意識や行動（安くて良いものはよい）では同じではないか思われていたりする。

「所変われば品変わる」（So many countries, so many customs.）」という諺がある。これは「土地が変われば、風俗や習慣、言語などがそれに従って変わるものだ」の意である。

これに関しては、日本における食品の世界で、さまざまなものが見られる。例えば、味について、関東の味は濃い、関西は薄いがある。「みそ」には「白味噌」、「赤だし」などのように、製品の品質に地域的差異があり、それによって好みが形成されているという。

狭いといわれる日本でも全国47都道府県のそれぞれに独特な県民性意識が存在しているとの調査もある。

マーケティングでは、こうした国内地域の特性を勘案して製品作りを考える企業戦略を「エリア・マーケティング」（戦略）と呼んで重要視している。ビールの地域限定販売（北海道、名古屋、九州限定など）がその典型的なものといえる。

しかしながら、一国内でも地域ごとの市場特性を捉えることはそう簡単なことではない。

このような考え方を地球規模（世界）に置き換えたときに「比較マーケティング」（戦略）となる。すなわち、世界には70億人余の人々がいて、およそ200カ国・地域に分散居住し独特の生活を営んでいる。

海外進出を目論む企業も世界における国・地域の市場特性をしっかり押さ

える必要があることは言うまでもない。例えば，自社の製品がシンガポールで成功したので，直ちにその周辺国への進出かというと，実際上，シンガポールと類似の市場特性を示すのは裏側の南米のヴェネズエラであれば，一足飛びにそちらへの進出を考えた方がよいかもしれない，ということである。

現代においては，国際市場は国内市場にはなかった数多くの特異な市場も存在することが知られている。

例えば，これまでは，「エンゲル係数（食料費支出割合：食料費／所得×100）」の説明では，「所得が上昇すると雑費項目などの増大により，エンゲル係数は減少する」となっていると教えられるのが一般的であった。しかしながら，国によっては，所得が上昇してもエンゲル係数が上昇，あるいは横ばいとなるところがあるということが分かっている。このように，当該企業に合致する国際市場把握（国際市場細分化分析）はそう簡単ではないのである。

では，どのようにして世界市場から自社に適したところを選定し，かつ利益を得ることを考えたらよいのであろうか。

まずは，国や地域の市場特性を把握しておく必要がある。それらの市場間を比較検討し，その上に自社にあった市場を選定し，進出を図ることであろう。そうした企業への情報提供のためにも「比較マーケティング」における国際市場細分化研究の成果が待たれている。

本章では，具体的分析に先立ち，国内市場や国際市場をどう捉えたらよいかを考えてみる。そのため，「市場細分化概念」を取り上げ，この概念が，わが国において，どのような形で活用されてきているかも検討する。

(2) 比較することの重要性

ここでは，「比較すること」の重要性について考える。これから検討する，「国家間流通比較」や「市場セグメント間比較」において，最も基本的な問題点だからである。

比較組織論の立場から，安積（1994）も「国際比較研究が盛んであるが，歓迎すべき現象である。というのも国際比較によって分野の視野が広がり，分野の求める命題の信頼度が検証され，分野がより科学的になっていくから

である。」と述べている。この科学的という文脈の中に，「比較」それ自体の意味も，位置付けられねばならない。

　林（周）（1989）は，「比較という方法を適用する問題」で方法論的側面から「比較」について説明している。すなわち，

　二つのものAとBとを「くらべる」という場合，

　(a) compare A with B（AとBとを比較する）

　(b) contrast between A and B（AとBとを対比する）

とがあるという。

　(a)における＜比＞とは，A／Bのように，二つのものの「比」をとり，＜較＞とは，A－Bのように，二つのものの「差」をとることよって，AとBという二つの事物の関係を量定することであると考えられる。したがって，「比較」とは，つねに同一の尺度軸に載せて，AとBの両者を相互にくらべる作業である。たとえば，「カナダよりも米国の方が一般に物価が高い」といったものである。林（知）（1995）が，生活意識に関する国際比較の調査（イタリア，フランス，ドイツ，オランダ，イギリス，米国，日本）に基づいて数量比較で導き出している「中流意識は日本人に特有の現象ではない」もこの考えによる分析といえよう。

　これに対し(b)は，二つのものAとBとを，量的にではなく質的に対照してくらべることを意味している。つまり，「対比」とは，AとBとを，同一の尺度では敢えて見ないようにする立場で，両者のくらべ作業手続きを貫く考察の態度をいう。たとえば，「日本と韓国とでは日常の紐の結び方が違う」といった場合である。邱（1992）の「日本と中国では，箸の形や箸の置き方が違っている」も同様のことである。

　こうしてみると，一般に物価や生活水準の高低のような経済に関わる諸要素同士の「くらべ」に際しては，(a)の立場に立つことになるが，文化に関わるもののような，本来相互に異質であって，そもそも数量化してくらべるべきではない要素同士を相互にくらべあうときは，(b)の対比方法をもって物事の考察に臨むほうが妥当ということになる。

　こうした点については，「内外価格差」問題を「豊かさ」の観点から議論している唐津（1992）の意見が参考となる。すなわち，日本人と外国人と

の間には，消費パターンでかなりの違いがあるので，「その点を考慮した食生活面の「豊かさ」比較でないと，結果において偏りがでることになる」という。「内外価格差」を論ずる場合でも，日本人の，特に一般勤労者の消費パターンを正しく理解したうえで，海外と比較し，データを読む必要があることを強調しているのである。

　一方，林（周）（1989）によれば，「比較」の文字を冠した諸学問の登場は，歴史的にかなり新しく，いずれも近代以降のことであるという。また，比較の手法を実際に採り入れ，それを学問の名に冠することが最も早かった専門学問は，比較教育学であるが，比較法学，比較文学，比較言語学，比較心理学なども近世の新学問である，と述べている。

　林（知）（1981）は，「日本人の国民性」という研究を実施していく中で，他国民との比較研究を行おうとした。その第一歩としてハワイ日系人の調査を行っているが，その理由は，日本人に対してのみの調査では，例えば，あることについて，イエスという答えが8割に達しても，それは日本人だけの国民性か，それとも先進国の諸国民に共通した意見か，あるいは人類全部がそうなのかわからない。8割という大部分の日本人の意見の一致をもって，日本人の国民性と断言するわけにはいかない，ということで大規模な意識調査が始まったという。また，「全く異なったものは，一つの方法で比較しようがない。似たところがあり，異なった所があるからこそ比較が出来るのである。質問の回答分布をくらべるといった単純なやり方では，それなりの意義はあるにせよ，多くの場合，解釈の余地が多すぎて相互の論議の土俵を一定にしがたい。」とも述べている。

❷ 「市場細分化」とはどういうことか

　市場細分化（market segmentation）概念は，今世紀中半，スミス（Smith, 1956）が，より多くの利益を獲得するために企業組織による市場細分化と製品差別化概念の導入は，きわめて重要になるという論文を発表して以来，急速に発展し，一般にも普及してきている。

　最近の考え方については，コトラー（Kotler, 1994）の定義とその活用方

法に尽きるであろう。すなわち，

「市場細分化とは，市場志向的な理念の下に，一つの市場においてニーズや反応が互いに異なる複数の消費者グループを識別することである。消費者の要求は多種多様なので，すべてに対応できない。したがって，企業は効率的に提供できる最も魅力的な市場分割（market segments）を行う必要がある。現代企業は，市場分割し（segmenting），その中で標的となる市場部分を定め（targeting），それに応じた製品の位置づけを行いつつ（positioning），マーケティング戦略を考えていかねばならない。」

（1）市場細分化要因と基準変数

　市場細分化をどのように行うかの基本的な考え方については，コトラー（Kotler, 1997）によると図表6-1で表される。

　この図表6-1は，「所得階層別」と「年齢階層別」だけを使って分割化を試みているが，実際上は，企業の戦略に応じて，さまざまな要因や基準変数が採用されている。したがって，市場を分割するに際しては，分割の決め手となる要因に何をとるかが第一の問題となる。これには，多くの場合，人々

図表6-1　市場細分化の考え方

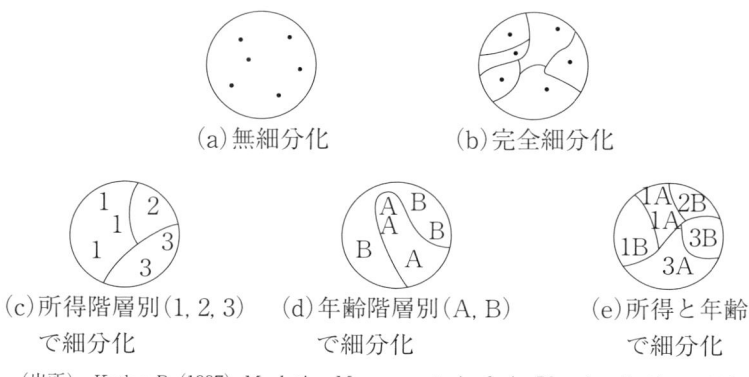

(a)無細分化　　(b)完全細分化

(c)所得階層別(1, 2, 3)で細分化　　(d)年齢階層別(A, B)で細分化　　(e)所得と年齢で細分化

（出所）　Kotler, P. (1997), *Marketing Management: Analysis, Planning, Implementation, and Control*, 9th ed. より作成。

の消費や消費費目に強い影響を及ぼすと考えられる要因と基準変数がとられている。例えば，

(a) **地理的要因**：近隣，市，県，地方，広域圏，国といった行政区分，都市規模，気候，地域（自然，社会）環境など。

(b) **デモグラフィック（人口統計的）要因**：年齢，性別，職業，学歴，世帯構成員数，ライフ・サイクル，宗教，人種，国籍など。

(c) **経済的要因**：所得（階層別）水準，貯蓄（資産）保有額，自動車保有など。

(d) **社会心理的要因**：社会階層，ライフ・スタイル，パーソナリティなど。

(e) **状況要因**：事件（occasions）は発生しているか（それは定期的か突発的か），求める便益（benefits）（品質，サービス，経済性，スピード）は何か，製品購買者の状態（非購買者・既購買者・潜在購買者・初期購買者・定期購買者）はどうなっているか，また，購入率（軽購買者，並購買者，重購買者），忠実度（loyalty）の状態，意思決定過程（readiness stage）（未知，認知，情報収集，関心，欲求，購買意図），製品への態度（熱望，肯定的，無差別，否定的，敵意）などが問題となる。

(f) **選好（趣味嗜好）要因**：嗜好分散度（類似嗜好集中，類似嗜好分散，類似嗜好がいくつかの塊となって分散），感触（甘さ，まろやかさ，肌触り）など。

こうした諸要因と諸基準変数の組み合わせによって，消費者市場分割がなされている。

(2) 市場セグメントの充足条件

市場セグメントは，基本的には，市場（購買者集団）の中でも同質性の高い比較的大きな部分となっている。しかし，それだけで細分化が行われたということにはならない。企業にとって，要因や基準変数によって抽出されたセグメントが，すべて有効な対象とはいえない場合があるからである。これ

は企業とセグメントとの間に空間的，質的，量的，資金利用上の制約，時間的側面などで乖離（いわゆるマーケティングにおける生産者と消費者との間の経済的隔離）があるということばかりでなく，セグメント自体の内容や基準変数の測定にも問題が存するからである。

コトラー（Kotler, 1994）は，市場細分化を有効なものにする要件（requirements for effective segmentation）として，以下の五つを提起している。

（ⅰ）セグメントを構成する基準変数は測定可能（measurable）である。
（ⅱ）セグメントは同質的で，しかも十分大きい（substantial）。
（ⅲ）セグメントへ容易に接近可能（accessible）である。
（ⅳ）セグメントは異なった対応ができる程識別可能（differentiable）である。
（ⅴ）企業組織にとってセグメントへの対応行動が可能（actionable）である（有効な計画であっても，行動に移せない場合がある）。

このうち，特に重要なのは（ⅱ）と（ⅴ）である。これは，売上や利益の大きさにつながるものだからである。

（3）市場細分化とマーケティング戦略

いうまでもなく，現代の企業にとって，対応市場の維持・発展・創造は最大の問題である。このため，企業は，持てるマーケティング課業をフルに活用するのみならず，場合によっては新戦略を駆使して市場対応に当たらねばならない。

市場セグメントとマーケティング戦略との関連性については，ラックとファレル（Luck and Ferrel, 1985）が，検討している。企業が持てる戦略をどのセグメントに対応させるかという観点からの検討である。その際，以下の3点が基本的に重要としている。

① 市場統合化戦略（market aggregation）：この場合の標的市場は，全体すなわち全消費者となる。主に，製品差別化戦略を用いる。
② 市場細分化戦略（multisegment approach）：全体市場を二つ以上の

セグメントに分割し，それぞれのセグメントに合わせた製品を準備する。
③ 標的市場集中戦略（market-concentration strategy）：企業組織の得意な分野に見合ったセグメントを抽出し，そこに戦略および製品の集中化を図る。

彼らは，市場細分化要因別のマーケティング戦略についても考察している。

以上のようなセグメントと戦略の関連は重要であるが，状況の変化に応じてセグメントの変更も考慮する用意が必要である。

市場セグメントは，市場（購買者集団）の中でも同質性の高い比較的大きな集団であることから，競争相手の出現の可能性が高い。これより小さく，限定された集団で，特別な利益を求めるためのに設定される集団ということであれば，「ニッチ」（niches）となる。ニッチには，競争者はそれほど多くないであろうが，ニッチの消費者は特別で，複雑なニーズを持っていると考えられることから，ニッチ・マーケティング（niche marketing）を行う必要がある。また，製品ライフサイクル上の成熟段階（maturity）では，市場セグメントの再構成が必要となる場合もある。それは，市場極細分化（market-fragmentation）と市場再統合化（market-reconsolidation）の問題となる。

❸ エリア・マーケティングと比較マーケティング

(1) エリア・マーケティング

現代の企業やマーケティングが志向すべきものは市場（マーケット）であるという。

この場合のマーケットは経済学でいう取引の場ではない。これに対し，経営分野で取り上げられる「市場」は，「消費者（購買者）の集まり（人数）」のこととなる。経営分野では，「企業」（firm）は，文字通り一つの会社（company）をあらわすが，一般に，個々の企業にとって，自社製品を購買してくれる人がいなければ，売上げもないし，利益もない。

したがって，企業の目的とするところはそれまでの市場の確保・拡大に外

ならないので，消費者の集まりを創り出したり，できる限り大きくすることになる。

消費者の集まりを重視する考え方は，はじめ，最初国内市場の地域特性把握に適用された。この観点で市場拡大を行うことを「エリア・マーケティング」という。この言葉は，日本における造語である。

「エリア」の意味づけは，地域流通経済圏構想，すなわち，目的とするエリア（地域）の広狭によって，すなわち生活・文化・経済圏の広がりの大小によって市場は大きく異なるものと考えられており，そこでは最も小規模な生活圏条件のウエイトの高い地域を示している。

今日では，「エリア・マーケティング」の問題領域はかなり広がっており，マーケティングにとどまらず，一般的な地域経済開発問題も視野に入れなければならない。

（2）比較マーケティングと国際市場化戦略

「比較マーケティング」（comparative marketing）研究は，当初，国家間の「異質性」を見いだすことに主眼があった。そして，これまで行われてきた「市場の国際比較」分析は，一国市場状況（分析），二国間ないし数カ国間比較分析が中心であった。実際にも，あらかじめ標的国（市場）が定まっている場合には，市場関連データを活用したマーケティング・ミックス戦略はかなりの程度有効性を発揮したという例が報告されている。

黒田（1996）も，消費者行動，商業環境と流通政策の3点から5カ国（日本，米国，フランス，オーストラリア，中国）の比較分析を行っている。そこでは，各国の消費者行動における項目別支出割合の特性や各国間の流通政策や商業の発達状況の相違を浮き彫りにしていた。しかし，こうした分析から帰結する消費者行動や商業活動の特徴も，各国の歴史的，文化的，政治的，経済政策的ないし競争条件的な特性が生み出した結果に過ぎないのではないかという見解を出すに至っている。

一方，「市場の国際比較」の議論では，市場細分化（market segmentation）の考えに基づく理論検討や調査分析も盛んである。市場細分化の概念が，国際マーケティング戦略の効率と効果を高める可能性を有しているとの判断か

らきている。

（a）標的市場が一国の場合

　国際マーケティングの分野において，グローバル企業に対する国家別標的市場研究は，数多く（特に米国において）存在している。例えば，日本市場の特徴を明らかにしようとしたものに，レイザー（Lazer, 1984）やジェトロ（JETRO, 1988）がある。その他，カナダ，オーストラリア，中国など，一国の市場特性やマーケティングの状況を紹介した論文・著書もある。

　各国の人々は，いずれかの国内の地域で日々生活を営んでいることは言うまでもないが，マーケティングの理念が消費者志向であることから，国家間比較の指標として，人々の生活にかかわる変数をいくつか選び出すこととする。

　採用された指標は，大きく分けて三つの部分から構成されている。

　第一は，消費者行動指標である。この内容を示すものとして，一国の消費者の特性や行動結果である所得，消費支出，消費項目別割合などが取り上げられる。

　第二は，商業指標である。消費者行動の状況や変化は，商業（卸売業・小売業）に多大の影響を及ぼす。また一方で，消費者に物資を提供する企業組織である卸・小売の発展動向は，一国の経済発展にとってもきわめて重要な指標である。商業状況の各国別の特徴はもとより，近年重大性を増している大型小売店問題が検討される。

　そして，第三に，流通政策指標である。一国の経済政策や流通政策などの政策ルールによって国内の企業組織は様々な形で制約されているが，特に商業の場合，何らかの競争規制があれば，直接的に人々の生活にひびくと考えられる。各国の競争政策や流通規制状況を調べる。

　こうした指標にスポットライトを当てた場合，世界各国間でどのような，またどの程度の異同を見出すことができるのかが問題である。

　黒田（1996）で，実際の分析に取り上げられた国は，（a）日本，（b）米国，（c）フランス，（d）オーストラリア，（e）中国の5カ国である。

　これらの国々を比較してみた結果，おおよそ次のようなことがいえるとしている。

消費者行動については，項目別支出割合を比較することによって，各国の特徴を見出している。また，流通政策や商業の発達状況に違いのあることも浮き彫りにできた。しかし，結局のところ，各国には，それぞれ歴史的，文化的，政治的，経済的，競争条件的な特性があり，消費者行動や商業活動の特徴もそうしたフレームワークの中からでてくるものに過ぎないのではないかということを強く意識させられている。したがって，ここで行った指標の比較では，上記の研究課題（国家間の差異性）に関しての十分な成果を出すまでには至っていなかったということであった。

なお，**本書では，第8章で韓国について実証分析している**。

(b) 複数国際市場の比較分析

黒田（1996）は，これまで国際市場の捉え方について，国際比較の観点より研究を進めてきた。

まず，消費者行動と商業環境にかかわる指標により，5カ国（日本，米国，フランス，オーストラリア，中国）比較を試みた。結果的に，各国間に生活慣習，政治的背景，ライフ・スタイル，技術的ないし制度的な諸資源などの条件の相違があることから，大部分は各国の特徴を浮き彫りにしたにとどまっている。わずかに，消費項目別支出において比較の糸口を見出したのみであった。こうした経験から，比較のためのより一般的な基準やフレームワークが求められたのである。

こうした問題を直接的に研究テーマとしている「比較マーケテイング」には，これまで，「マーケティング制度と活動」，「環境条件」，「消費者行動」，「方法論」，「分析フレームワーク」など五つの問題領域がある。いずれもそれぞれが有する条件下で，国家間ないし国際市場間比較を行うことを意図している。

文献サーベイも行って検討した結果，「比較マーケティング」の今後の研究発展方向として以下の3点に注目することとなった。すなわち，

ⅰ）経済発展（段階）に対するマーケティングの貢献に関する研究。

ⅱ）国家間比較の立場から，一国を構成する諸要因をマーケティング・システムとして構築するために，システム比較の前提となる「分析枠」研究。

ⅲ）世界一市場が出現するにしろしないにしろ，国際市場間比較を行うための国際市場細分化研究である。

　筆者は，このうち（ⅲ）「国際市場細分化」に焦点を当て，その研究の展望と試験的分析を行っている。

　一般的に，国内市場細分化の問題は，「エリア・マーケティング」において重視されているが，国際市場といえども同質性・異質性を問題にしている段階では，国内マーケティングも国際マーケティングも原理的には同じものといえる。しかし，市場の範囲が，国内の場合と違って格段の広がりを持つために，それにまつわる研究問題も多岐にわたることになる。

　特に，今後とも重要となると思われる点は，まず第一に，「比較マーケティング」を行うに当たっての前提にかかわる問題である。これについては，二つあって，一つは，グローバル化する各国の企業間および多様な各国の市場間関係は，将来どうなっていくか，他は，マーケティングをグローバルに考えるに際しての基本理念や戦略とは何か，また，それは国内の場合と同じかということである。しかしながら，前者も後者も，現時点では不確定のままである。

　第二の問題は，「測定」にかかわっている。これまでの研究は，どちらかというと理論に偏りがちで，現実適応性に難のあることが指摘されていた。すなわち，研究者は，国家の諸特徴の選択，比較技法の選択，そして情報の収集にも責任を負っている。しかし，選択された指標が当該問題に対して正確に当てはまるものであるかどうかは，はっきりしない場合が多いのである。実際，多国籍企業の意思決定者は，しばしば，非系統的な方法で情報を集めており，また，不完全な信頼性の乏しい情報が，地域や国家間の比較の基礎を形作っている。不幸にも，これらの困難性は，マーケティング機会が訪れつつあるように見える発展途上国に多い傾向がある。

　以上のような不確定，不完全な問題点は，多々あるが，現段階でできる限りの国際市場細分化分析を試みてみた。したがって「現状において」という但し書きも付くことは，言うまでもない。

　具体的には，（ⅰ）類型化分析（主成分分析）と（ⅱ）項目別支出の要因分析（重回帰分析）である。結果を簡単に要約すると以下のようになる。

(i) については，現状では，変数の個数と国家の数とは，一方を増やすと他方を減らさねばならないといったジレンマがあるということから，今後は，理論面からの発展が要請されている。例えば，変数と国家の個数については，どちらかの個数の意味付けを行うか，分析面で個数確定の方法を開発するかのどちらかの決定にかかわっている。

　こうした問題はあるが，主成分分析による類型化分析は，グローバル化を目指す企業に対し，より具体的データかつ他国との比較データを提供できるという意味で，国際市場細分化の一つの方向性を示唆するものであると考えられる。

　(ii) については，世界中の人々が消費面で均質化しつつある，つまり世界一市場へと向かいつつあるという見解を確かめる意図をもって実施してみたものである。これを，食料費割合とレジャー・教育費割合の要因分析という形で行っている。これにより，現時点でそれぞれの消費支出項目割合が，もし世界全体を一本にできるとしたとき，どのような要因によって影響されているかを観察できると考えたからである。また，先進国と発展途上国別にも，同様の分析を施している。

　重回帰分析を行った結果，全体（36カ国，説明変数の数34個）についてのレジャー・教育費割合においてのみ有意な結果が得られた。レジャー・教育費については，世界的なレベルで考える状況になりつつあることを示唆するものかもしれない。

　以上のような結果を見る限り，今後の検討課題としては，(i) と (ii) の関連性問題がクローズアップしてくる。国際市場セグメントごとの項目別支出割合の要因分析や商品別の影響要因発見につなげていく必要もある。

　また一方，これまでの分析において，国や変数の取り方はもとより分析手法の選択によっても，結果や解釈がいろいろ変わる可能性は十分にある。しかし，そのこと以上に，上記の「測定」問題にも関連する資料的制約が多大で，各種分析をあきらめざる得なかったことの方が大きい。したがって，今後の国際市場細分析研究の発展のためには，まずもって，各国における資料整備とより多くの資料収集が必須であるといっても過言ではないのである。

(3) 実際に類型化分析を進める考え方

　実際に国際市場細分化を行うに当たっては，いくつかの問題点や前提がクリアされねばならないことも事実である。

　まず第一に，企業にとって国際市場細分化を行う基本的問題は，自社の製品・サービスを如何なる外国市場へ持って行くかであるが，その「国際市場細分化」を，有効なものにする要件とは何かである。細分化の考え方やセグメントを有効なものにする要件については，コトラー（Kotler, 1997）に詳細に述べられている。

　そこでは，米国における企業の「市場占有率と収益率」との関連性研究が紹介されており，明らかに市場細分化を考慮した場合の方が収益性が高くなっているとしている。実際上，「国際市場細分化の有用性」も「国内マーケティングにおける市場細分化の有用性」と同様の考え方からきており，グローバルになおすと国際市場細分化（international market segmentation）となるといっても過言ではない。こうした国際市場細分化による部分市場（セグメント）の確定とセグメント間比較の結果も，企業の海外市場進出と対応戦略にとって重要な情報を提供すると考えられるのである。

　第二に，分析の前提，変数選択，国家分類等の問題が検討されねばならない。まず，分析の前提についてであるが，グローバル企業の外国市場進出形態としては，単純に，

　(a) シンプル・グローバル戦略（すなわち，輸出マーケティング）でいくか，

　(b) マルチ・ドメステック戦略（すなわち，現地適応型マーケティング）でいくか，

の選択が考えられる。しかし，どちらにしても，各国市場と自社製品との関係をどう見るかの問題が出てくる。すなわち，

　(i) 各国（市場）を同質的と見做し，自社製品（α）を，標準化製品（その他のマーケティング・ミックスと一緒に）として対応させるものであり，グローバル・マーケティングと呼ぶ（図表6-2）。

　(ii) 各国（市場）を異質なものとし，したがって，別個の市場セグメン

トに分割し，それぞれのセグメントに仕様を考慮した別個の製品（β_1, β_2, β_3）を対応させるということであり，国際マーケティングと呼ぶ（図表6-3）。

これ以降の検討は，黒田（1996）に依っている。

（ii）の各セグメントへの別個の製品対応の場合には，国家間の異質性（または同質性）の分析，ないし市場細分化分析が必要となり，この場合にも，二通りの細分化方式が考えられる。

一つは（xの場合と呼ぶ），各国を，それぞれいくつかの市場部分に分割（セグメント）する（この段階までに分割を可能とする変数選択は終わっている）。その上で，各国における同一ないし類似のセグメントに自社製品（γ_1, γ_2）を対応させる。図表6-4に見るように，γ_1は，S_1セグメントへ，γ_2は，S_2セグメントへそれぞれ対応させる。

他は（yの場合と呼ぶ），国家それ自体の同質性（また異質性）に注目し，諸国家を類型化（グループ化）し，それぞれのグループに対して製品（この

図表6-2　グローバル・マーケティング

図表6-3　国際マーケティング

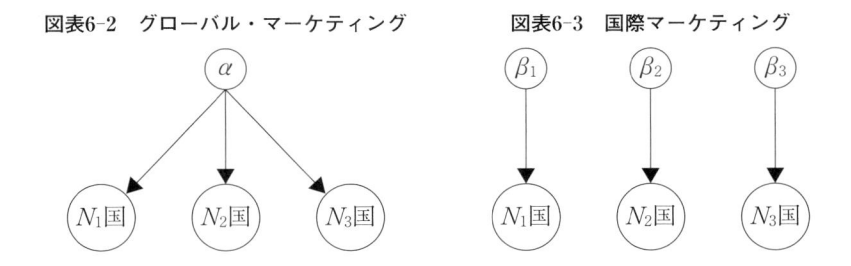

図表6-4　国際市場細分化（xの場合）

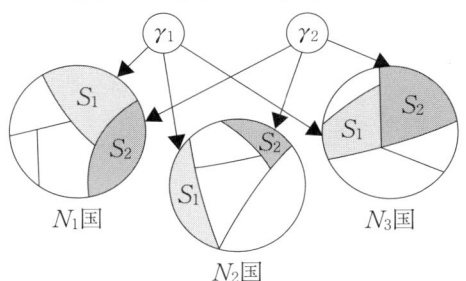

場合，δ_1，δ_2，δ_3）対応を考える（図表6-5）といったものである。

さらなる細分化：「図表6-5」において，国家類型化されたグループ内，例えば，Aグループ内の細分化を行い，それぞれの細分化部分に対して異なる製品（δ_1と差別化される）を対応させることも考えられる（図表6-6）。

こうして，製品（マーケティング・ミックス）をどう配慮するか（（ⅰ）と（ⅱ）），国際市場細分化をどう考えるか（xとy）によって，いく通りかの組み合わせが可能となる。標準化製品（ⅰ）と各国別セグメント（x）の

図表6-5　国際市場細分化（yの場合）

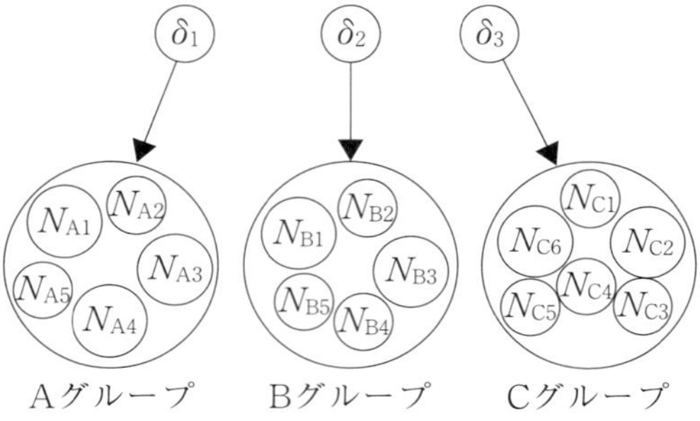

図表6-6　A グループの細分化

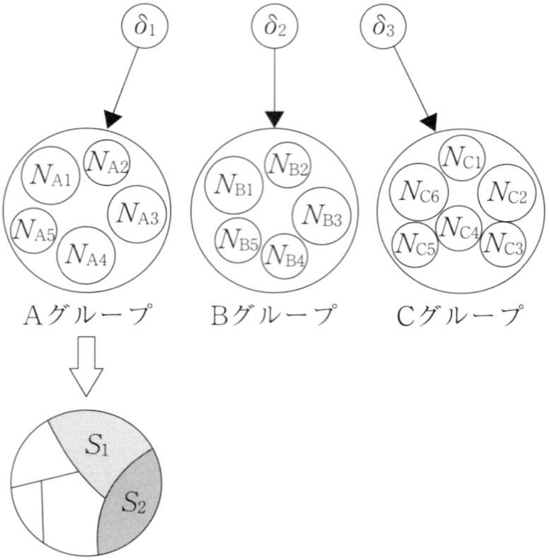

組み合わせは,「選択的初期市場集中」戦略（P. コトラー等）や「国際マーケティングの発展段階モデル，ないし市場細分化戦略の動態的モデル」（諸上（1993））などになる。

　研究上の関心のみならず，現実利用を可能ならしめるためにも，実際に国際市場セグメントを求めてみる必要がある。そのため，類型化の考え方を具体的にどのように実証化していくか，そしてそこに如何なる問題が横たわっているか，を知ることから始めねばならない。

　こうした考え方に基づく類型化分析例として，黒田（1996）があり，「別個の製品（ⅱ）と国家類型化（y）によるグループとの組み合わせ」を念頭において国家分類を行っている。

　実際にも，一国内の地域市場細分化で，日本やカナダをはじめ数多くの実証分析結果が発表されてきている。

　また，国々のグルーピングを経由しないで，世界全体市場をあたかも一国市場とみなし，市場細分化を考えるものがある。これは，特定な商品の場合に可能となる方式で，例えば，ワイン愛好者（消費者）は，世界的に類似性が高いとして，どのような消費者が該当するかという観点から細分化分析を行ったものがある（図表6-7）。

図表6-7　特定商品の国際市場細分化戦略

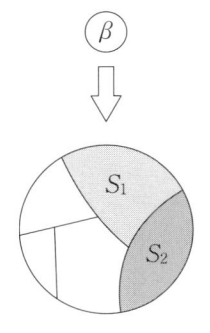

β

S_1

S_2

❹ 比較マーケティングにおける今後の研究課題

　以上のような現実を見るにつけ，これまでマーケティングを実践するに当たって，国家間の「異質性」の問題から出発した「比較マーケティング」研究も，また，企業の海外進出が多数の国家へ及んだことによって発生する問題解決から出発する「グローバル・マーケティング」研究も，近年，かなりオーバーラップした研究の内容と方向性を示してきているようにみえる。
　しかし，一方では，別の問題も浮かび上がってきている。
　オリバー・ホー（Oliver Ho）氏（当時マレーシア・マーケティング協会理事）は，JMA世界マーケティング会議（1998年4月13～14日，東京国際フォーラム）において，分科会「アジア太平洋市場の今とこれから」の報告で次のように語っている。
　「現在では，世界全体を一つと考えがちであるが，より一層各国文化の理解が重要である。欧米とアジアの価値観の相違の例をあげる。インドネシアやマレーシアでは，消費財関連の投資を期待しているが，ある国で，マクドナルドは受け入れないという運動が起こった。ハンバーガーに牛肉を使ったからである。この国では牛は神の使者として崇めているからであった。ボディショップの広告も物議を醸した。当該企業は，内容を変更して進出を果たしている。企業進出は当該国の文化を変える要素も持っているが（実際にも，マイクロソフト，トヨタ，デル等はそれに該当するといえるかもしれない），変えられない部分のあることを知る必要がある。ビジネスが聖域とすべき部分で，これを「コア・カルチャー」（core culture）と呼びたい。アジア諸国には「コア・カルチャー」があることを肝に銘じておかねばならない」と。
　すなわち，「比較マーケティング」や「グローバル・マーケティング」研究においても，例えば，世界市場が「同質化」の方向へ向かうとした場合でも，製品やサービスといったレベルで，各国市場がどこまで「同質化」可能か（したがって，コア・カルチャーは何か）といった分析視点（軸）を比較の上でどこまで勘案するかの問題が，今後の研究において重要性を帯びることになるかもしれないということである。

主な参考文献

朝日新聞社編（1992）『民力1992年版』。
室井鉄衛（1979）『商圏の知識』，日経文庫。
米田清紀（1988）『エリア・マーケティングの実際』，日経文庫。
諸上茂登（1993）『国際市場細分化の研究』，同文舘出版。
安積仰也（1994）「組織論と国際比較」『組織科学』，Vol.27No.3。
林周二（1989）『比較旅行学―理論と実際―』中公新書。
林知己夫編（1981）『比較日本人論―日本とハワイの調査から―』，中公新書。
林知己夫（1995）『数字からみた日本人のこころ』，徳間書店。
邱永漢（1992）「こんなにも違う中国人と日本人」『中央公論』。
唐津一（1992）「日本はすでに生活大国だ」『Voice』，August。
黒田重雄（1996）『比較マーケティング』，千倉書房。
浅川和宏（2003）『グローバル経営入門』，日本経済新聞社。
黒田重雄（1990a）「日本の余暇を考える―日本とフランスの消費統計比較から―」『都市問題調査報』（札幌市企画調整局企画部），No.15，16-27頁。
黒田重雄（1990b）「フランスの消費者行動と商業環境」『経済学研究』（北海道大学），第40巻第1号，116-147頁。
黒田重雄（1993）「オーストラリアの消費者行動と商業環境」『経済学研究』（北海道大学），第42巻第4号，64-85頁。
黒田重雄（1995）「中国の消費者行動と商業環境」『経済学研究』（北海道大学），第45巻第1号，108-116頁。
JETRO (1988), *The Japanese Market: A Compendium of Information for the Prospective Exporter*, Japan External Trade Organization.
Kotler, P. (1994), *Marketing Management: Analysis, Planning, Implementation, and Control*, 8th ed., Prentice-Hall.
Kotler, P. (1997), *Marketing Management: Analysis, Planning, Implementation, and Control*, 9th ed., Prentice-Hall.
Lazer, W. (1984), "Comparative Insights into Japanese Marketing: Myths and Realities," *Comparative Marketing Systems*, Kaynak & Savitt.
Luck, D. l and O.C. Ferrel (1985), *Marketing Strategy and Plans*, 2nd ed., Prentice-Hall, pp.190-200.
Smith, W. R. (1956), "Product Differentiation and Market Segmentation as Alternative Marketing Strategies," *Jouranal of Marketing*, July, p.4.

第 III 部
事 例 編

第 7 章　消費者行動と文化―韓流の事例―
第 8 章　ベッドタウンに住む高齢者の購買行動
第 9 章　韓・中国小売店の顧客満足とサービス品質
　　　　―E マートの事例―

第7章

消費者行動と文化
―韓流の事例―

学習の要点
- 最も基本的な消費者行動モデルを通して,消費者の購買行動に影響を与える要因を理解し,消費者ニーズに適応するマーケティング活動を学習する。
- 文化という概念を理解したうえ,文化がどのようにマーケティングや消費者行動に影響を与えるかを学習する。
- グローバル企業が海外市場への進出を考える際に必ず直面する標準化-現地化問題を用いて,企業の成功事例を学習する。

キーワード
韓流,消費者行動モデル,文化,グローバル・マーケティング,標準化-現地化問題

① 「韓流」について

　「韓流」ブームはピークを過ぎたといえ，それは今でも東アジアをはじめ，ヨーロッパへと広がっている。また，最近著名な「日本マーケティング協会」は，「特集　Korea Shock!」『MARKETING HORIZON』(2011) という雑誌を通して，韓国の成功話を紹介している。その内容をみると，「Korea Shock」，「K-POP（韓国大衆音楽の総称）の新たな挑戦」，「日本や東南アジアに対し文化輸出財となっている韓国のコンテンツビジネス事情」，「美容整形は幸せの第一歩」，「韓国人のゴルファーの強さの秘密」，「韓国のエリート教育」，である。ここで日本・日本人にとって強調されているのは，「韓国に学べ」，「韓国のやり方を取り入れよう」ということではなく，韓国を参考に「それまで見えなかった自分の弱点がよく見えるようになること」という「自分を見つめなおすこと」である。こうしてこの雑誌でも紹介されているように，近年，韓国・韓国人の話題が広まっている。

　とりわけ，日本において，「韓流」（ハンリュウ：Hanlyu）ブームは，NHK-BS2の海外ドラマ枠で「冬のソナタ」が放送された2003年4〜9月が発端であるとされている。このドラマは，ペ・ヨンジュン，チェ・ジウ主演のKBS制作ドラマ「冬恋歌（原題）」が「冬のソナタ」と訳され，純愛ドラマとして，自分の青春時代に懐かしさを覚えた主に中高年の女性を中心にブームの引き金となった。しかし，「冬のソナタ」に対する中国や東南アジアの反応は，先進的な面がある一方，伝統的な価値を残す韓国社会に親近感を感じられるという。このように「冬のソナタ」をきっかけに広く受け入れられるようになった「韓流」は，国によって興味を示した理由が微妙に異なる。

　元来「韓流」という言葉は，すでに1999年頃から中国，台湾，ベトナム，などで韓国大衆文化の人気が高まり始め，中国の新聞が「韓流が中国に衝撃を与えた」という見出しをつけた。それを韓国のメディアが借用して使用し始めたということである。その後，日本にブームが広まったのは2004年に入ってからのことである。それ以来，「韓流」という言葉が日本でも用いら

れるようになった。「韓流」の成功は韓国の文化産業として，政府の支援を受けて成し遂げられた成果であるというイメージがあるが，実際は民間の投資家やドラマ・映画制作者の努力が実った結果であるという（黄，2007）。

今では，これまでの中年女性を虜にしていた「古き良き優しさ」とでも言うようなソフトな魅力だけではなく，時代劇・史劇の「韓流」ドラマを観る男性が増えており，さらに今の時代にうける激しい若者向けの音楽（K-POP）というコンテンツが新たな魅力を生み出している。これまでの「韓流」とは異なる第2期「韓流」の台頭であるという論者もいる。

では，「韓流」をどのように定義すればよいのか。平田（2007）によれば，「韓流」の定義は曖昧であり，「韓国大衆文化の人気」を論じる場合のみならず，政治，経済，国際関係に至るまで，様々なシーンで使われ，また「韓流」は消費者からジャーナリスト，研究者，政治家，反韓流を語る人々などが，それぞれの接近可能な媒体で語るというこの状況が，「韓流」という定義を曖昧なものにしたと指摘している。

したがって，その定義を一口で言うのは難しい。韓国国内でも，韓流とは大衆文化的コンテンツを中心としながらも，「時代によって柔軟に変わる」というのが考え方である。韓国コンテンツ振興院日本事務所の金泳徳所長によれば，「芸能関係のコンテンツだけが韓流ではない」と指摘している。その理由として，日本でも大人気を博したテレビドラマ「チャングムの誓い」では，劇中で紹介される朝鮮王朝時代の宮中料理が注目され，韓国料理への関心も高まっている。このような食文化への関心も一つの「韓流」に入るからである。

学問において，マーケティングの定義は"学者の数ほど定義の数がある"といわれている。公式的な定義であるといわれるアメリカ・マーケティング協会採用の定義をみると，マーケティングの定義は1935年，1948年，1960年，1985年，2004年，2007年へと6回も変わっている。すなわち，マーケティングの定義内容は，時代の変化とともに，取り巻く環境の変化に従い，変遷されていることが窺える。

したがって，「韓流」の定義はマーケティングの定義に倣い，その時代や取り巻く環境の変化に従って，見直されていると理解した方が適切であると

いえよう。以上のことを鑑みて，ここでは韓流を「韓国文化の流行であり，そこには大衆文化，下位文化，企業文化，食文化などを含むものとする」と定義したい。

人から人へと広まりつつある「韓流」は，なぜ続くのか[1]。我々にとってその源泉の解明が研究課題となる。

本章では，まず「韓流」についての先行研究のレビューを通して本研究の位置づけを明確にする。その後，消費者行動モデルを再検討し，そしてこれまでに十分に取り込まれてきたとはいえない分野である「韓流」（文化）の成功をグローバル戦略との関連で検討することで，標準化‐現地化問題に新たな主張を加えたい。

❷ 先行研究

日本において，韓国・韓国人のイメージは第2次世界大戦前・後を問わず，非好意的なイメージが多かった。とりわけ，1988年に開催されたソウルオリンピック開催後の調査でも（高木・坂元，1991），韓国人に対するイメージはソウルオリンピック大会開催直前の調査と比べて「非道徳的な，知的でない，親しみにくい，冷たい」という順に，否定的なイメージが強いと報告されている。また，2002年に日韓共同開催されたワールドカップ直後の調査については（上瀬・萩原，2003），ワールドカップの開催前の調査と比べて「自己主張が強い，愛国心が強い，気性が激しい，集団主義的である」という4項目が特に有意性があった。これは，多少，ソウルオリンピックの調査より韓国・韓国人イメージがよくなった評価である。

しかし，こうした韓国・韓国人に対するイメージは，2003年4月に放送されたペ・ヨンジュン，チェ・ジウ主演の純愛ドラマ「冬のソナタ」の影響で，「冬ソナ」や「ヨン様」が流行語となるなど，社会現象とまで言われるほどの「韓流」ブームを巻き起こしたことで劇的に変化した。すなわち，「冬のソナタ」が韓国・韓国人のイメージに対するターニングポイントにもなったので，以降詳細に述べることにする。

第一生命経済研究所（2004）によると，日本では「冬のソナタ」がNHK

の衛星第2（BS2）で2003年4月3日から放送が始まり，2003年12月には再放送（BS2），さらに2004年4月3日から8月21日にかけては地上波のNHK総合テレビでも放送され，再放送が繰り返されていくうちに全国的な「冬のソナタ」ブームとなり，その影響で「冬のソナタ」のサウンドトラックのCDの売上が100万枚を突破したという。

同研究所では「冬のソナタ」効果について，「韓国への影響」と「日本への影響」に分けて分析している。前者の「影響」は，2004年4月から10月までの7ヵ月間，日本の「冬のソナタ」ブームで韓国への日本人観光客は187,192人増加，また韓国の観光収入は300億円（3328億ウォン）増加したと指摘している。直接的な経済効果は3328億ウォンだが，関連産業への影響など間接的な波及効果をみると，第一次経済波及効果（直接的な支出増加額を含む）として1.6倍の400億円（5396億ウォン）の生産誘発効果が現れた。雇用者所得の増加による消費支出増の効果も考慮した第2次間接効果まで含めた総合生産誘発額は，2.1倍の626億円（6945億ウォン）まで膨れ上がるという。

一方，後者の「影響」は，マクロベースでの日本経済への具体的なプラス効果であり，①日本国内での「冬のソナタ」関連商品の販売増加，②「冬のソナタ」主演のペ・ヨンジュンやチェ・ジウ起用のCM効果による商品の売上拡大などである。また，ミクロベースの情報などをもとに，「冬ソナ」効果による2004年度の国内消費増加額を計算すると364億円となった。さらに，関連産業への影響など間接的な波及効果をみると，第1次経済波及効果（直接的な支出増加額を含む）として2.7倍の984億円の生産誘発効果が現れた。第2次間接効果（雇用者所得の増加による消費支出増の効果も考慮）まで含めた総合生産誘発額は，3.4倍の1225億円に達するという（門倉，2004）。

以上のことから，「冬のソナタ」の影響は，日韓両国の経済にwin-winという関係を築いたが，特に韓国への経済効果より日本への経済効果がより多かったといえよう。すなわち，2004年度の韓国の観光収入は300億円であるが，日本の消費増加額は364億円であり，また韓国の第1次経済波及効果は400億円であるが，日本のそれは984億円であった。さらに，韓国の第2

次経済波及効果は626億円であるが，日本のそれは1225億円となった。このように「韓流」ブームは，韓国の経済より日本の経済にもっと恩恵をもたらし，日本国内の消費を活性化させたといえよう。そう意味では，「韓流」ブームは日本の経済を成長させる一因になるといえるだろう。

　毛利（2004）は，女性20名（20代3人，30代5人，40代5人，50代5人，60代2人）を対象にインタビューを行った。そのインタビューでの「『冬ソナ』は韓国のイメージをどのように変えたのだろうか」という問いについて，「ハンサムで優しい韓国人男性像」，「美しい自然に溢れる風景」，「進んだテクノロジー」，「日本が失いつつある儒教的な礼儀や伝統」というイメージのあることを指摘した。また，これらの一般的なイメージの変化が，具体的には個人の私的な記憶や歴史の認識を同時に新しく再構築していくと指摘した。

　長谷川（2005）は，「冬のソナタ」視聴前後の2回にわたる質問紙調査の結果を基に韓国ドラマの視聴行動とドラマ視聴前後の韓国人に対する態度及びイメージ変容の関係について質的・量的に分析を試みた。その結果から，ドラマ視聴によりイメージが好転し，彼らの韓国人に対する関心も高まっていたこと，主演俳優に好感を抱いたり，感情移入しドラマ視聴をすることと韓国・韓国人に関心を持つことの間に比較的に強い正の相関があったことを示唆した。一方，自由記述回答に対しては，韓国の文化に対する理解をも深めた者が多く存在していたこと，また日本での韓国ドラマの放映は，両国間の異文化コミュニケーションの観点から望ましい結果を生んだということを示唆した。

　林（2005）は，「冬のソナタ」視聴者からの手紙の分析および，コンサート会場で行った質問紙調査の結果をもとに計1300名の「冬のソナタ」ファンが語るその魅力について分析を行った。結果として「冬のソナタ」のストーリーが視聴者に「癒し」を与えていること，主人公の男性が視聴者の共感を呼ぶ描かれた方をしていること，また男性の愛だけでなく，「親子」，「友情」，「師弟」といった様々な形の愛が描かれており，普遍的なモラルトークが繰り広げられていたことが視聴者の価値観と合致していたことなどをその魅力として挙げた。

櫻坂（2008）は，先行研究から「韓流」ブームはこれまで韓国に対する関心がほとんどなかった人々にも波及して，韓国・韓国人イメージにも肯定的な影響を与えたと評価をした。その一方で，「韓流」ドラマの視聴が日韓の歴史に対する関心は喚起しないという事実は，韓国に対する関心の高まりと肯定的なイメージ変化が表面的な変化にとどまる可能性があるとの危惧も示した。

　以上のように従来の研究は，韓国・韓国人に対してイメージの変化や「韓流」の影響要因分析などが多かった。また，「韓流」ドラマについて「純愛」，「古き良き日本を思い出す」，などのことがよく言われているが，しかし，「韓流」ファンが「韓流」ドラマを観る理由がそれだけなのかについては疑問が生じる。

　そこで，簡易予備調査（2012年5月23日）として，大学1年生を対象に『なぜ「韓流」にはまるのか？』，『親は「韓流」ファンなのか？』，『あなたの性別は？』を質問した。その結果，116人中24人（21％）が「韓流」に関心を示した。昨年度の調査[2]より10％が増えたことになる。属性で興味深かったことは，「韓流」に興味があると答えた24人の学生中，男子学生が13人で，女子学生が11人であった点である。去年の調査より女子学生が約3倍増えたことになる。

　また，自由記述回答（複数可）の『なぜ「韓流」にはまるのか？』については，「かっこいい・イケメン・きれい10人」，「ダンスなどのスキルやクオリティーが日本より高い9人」，「日本のドラマより面白い3人」，「歌やダンスが完璧2人」，「食べ物が美味しい1人」，「売り込みがうまい1人」，「完全でない話し方が可愛らしく，日本のアーティストにはないきりっとした感じにひかれる1人」，「KARAが好きだから1人」という順に多かった。去年の調査と同様に外見に対する評価が1位である。上記の簡易予備調査の対象は20歳前後であるが，従来と異なる理由で「韓流」に関心を寄せていることが理解できる。

　次に『親は「韓流」ファンなのか？』と『あなたの性別は？』との相関関係において，「韓流」に関する女子学生と親との相関関係をみると，「韓流」ファンである女子学生11人中に親は2人「韓流」ファンであった。「韓流」

ファンである男子学生13人中,「韓流」ファンの親は4人である。このことから,「韓流」の親子との相関関係において,女子・男子学生共に親の影響より他の影響要因が作用したと言える。

　小倉は,「衰えぬ韓流人気」を朝鮮王朝（李氏朝鮮）の統治理念として約500年にわたり貫いた儒教の朱子学にあると指摘している。朱子学的な発想は,朝鮮半島が北と南に分断された現代でも人々に受け継がれているという。

　朱子学では『理』を持つ人が偉いとされ,理とは論理や倫理,物理,生理などを総合した考え方のことであり,ひと言で道徳性である。人々は正しい理がこの世にはあると信じ,互いに自分こそが正しい理に到達していると競い,論争しているという。例えば,韓流スターがファンの前で社会的な発言をするのも自分には理があり,つまり知性や道徳性があることを示すためであると述べている。一方,理が感じられない芸能人は韓国社会では単なる金もうけでしか物事を考えてない人として軽蔑されるなど,朱子学的な伝統があると主張している。このように,小倉は韓流の源泉を儒教の朱子学という視点から模索している。

　次節では,消費者行動モデルの再検討をはじめ,文化とグローバル・マーケティングの側面から「韓流」を捉え,その源泉の究明を試みる。

❸ 消費者行動モデル

　本章では,消費者行動のモデル化・理論化への先駆的な役割を果たしたハワードとシェス（Howard and Sheth）モデルをはじめ,このS-Rモデルに対して反応を示したベットマン（Bettman）モデル,そして本論題と文化の側面で深く関わっているホーキンスとマザーズバー（Hawkins and Mothersbaugh）モデルを概観する。

（1）ハワードとシェスモデル

　コトラー（Kotler, 2012）は,消費者行動を理解するための最も基本的なモデルは,刺激（Stimulus）–反応（Response）モデルであると指摘している。ジョン・ワトソンの刺激–反応モデルは,消費者行動への刺激（価格,

広告など）とそれに対する反応（銘柄や店舗の選択・購買）という二つの側面を捉え，その反応関係を説明・予測しようとする考え方である。

このモデルは，観察可能な顕示的行動のみに分析対象を限定し，内的プロセスは対象としないという点で，一種のブラック・ボックスモデルを前提としていた。しかし，その後，心理学の分野において台頭してきた新行動主義の影響を受けて，単純なブラック・ボックス型のS-Rから，O（organism：生活体）という消費者自身の内的なメカニズムを盛り込んだS-O-Rモデルへの拡張へと発展した。

このハワードとシェスのモデルは，三つの異なるセクションから構成されている。①インプット変数（品質，価格，特徴，サービス，入手可能性，家族，準拠集団，社会階層），②消費者の内部状態を表す変数（知覚構成体，学習構成体），③消費者行動の反応としてのアウトプット変数（注目，ブランド理解，態度，意図，購入）である。ハワードらモデルを概略すれば図表7-1のとおりである。

さらに，このモデルは消費者の反復的な意思決定プロセスを三つの類型に分類している。

①拡大的問題解決（Extensive Problem Solving）：消費者は購買・消費経験がまったくなく，ブランドを評価・先行する基準を持っていない。必要とされる情報量は多く，意思決定時間は長くなる。

②限定的問題解決（Limited Problem Solving）：消費者はすでに購買・消費の経験があり，特定ブランドに対する強い選好はないが，想起集合

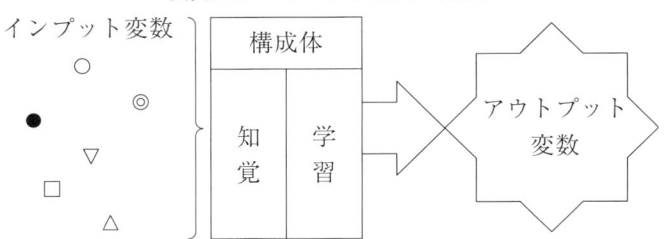

図表7-1　ハワードらモデルの概略

（注）○◎●▽□△は様々なインプット変数を表している。
（出所）Howard and Sheth (1969), p.30. を参考に作成。

のブランド数は多い。拡大的問題解決行動と比べ，必要情報量は少なく，意思決定時間も短い。

③日常的反応行動（Routinized Response Behavior）：消費者は特定ブランドに対して日常的に繰り返し意思決定が行われている。特定ブランドに対する強い選好を持っているため，必要とする情報量は非常に少なく，意思決定時間が非常に短い。

　購買経験が増すにつれ，拡大的問題解決から限定的問題解決へ，そして日常的反応行動へと移行していくことになる。この消費者の問題解決状況プロセスは，特定ブランドに対するロイヤルティ形成のプロセスでもある。

　一方で，こうしたS-O-Rモデル（1969）は，刺激なくしては反応が起こらないとか，消費者を刺激し反応するだけの受動的な存在であるというモデルの限界が示された。そこで，自ら目標を立て，その目標達成のために自ら進んで情報を探索・取得する能動的な視点の消費者情報処理モデルが登場する。その代表モデルがベットマンモデルである。

　しかし，今でも消費者はS-Rモデルに従って，商品の購入に至っている。例えば，我々の総合スーパーやディスカウントストアにおける商品の購買は，刺激（価格や広告など）による購入が喚起されることが多く，現在でも刺激 -反応モデルは消費者の購買意思決定に大きな影響を及ぼしていると思われる。まさに，「韓流」ブームが広がったことも刺激という影響（ドラマ，K-POPなど）が大きいといえるだろう。

（2）ベットマンモデル

　上記のS-O-Rモデルの新行動主義的なパラダイムから，新たな分析視角として消費者情報処理パラダイムへと大きく転換を行った。すなわち，消費者を従来の刺激（価格，広告など）に反応する受動的な存在として捉えることではなく，自ら進んで情報を探索・解釈し選択に結び付けていく能動的な存在として捉える内的なプロセスに焦点を当てた分析視角が求められた。その消費者情報処理の先駆的理論がベットマンモデルである。

　ベットマンモデルには，「情報処理能力」，「動機付け」，「注意と知覚符号化」，「情報取得と評価」，「記憶」，「意思決定プロセス」，「消費と学習」，「ス

キャナーおよび中断メカニズム」という八つの基本要素から構成されている。
　①情報処理能力：消費者は限られた情報処理能力しか持っていないことを前提としている。したがって，消費者は全プロセスに対して商品選択をより単純化かつ，より簡便化を行おうとする。
　②動機付け：消費者は自ら目標を設定し，その目標を達成するために様々な情報を集める能動的な消費者を仮定している。
　③注意と知覚符号化：注意は，目標達成のために外部情報への情報処理能力である。知覚符号化は，注意に向けられた外部情報の解釈・理解をする過程である。
　④情報取得と評価：消費者は，記憶の中で利用できる内部情報が不十分である場合はその情報を探索するために外部情報を取得する。新しく獲得した情報は消費者自身の効率性や効果性などで評価される。
　⑤記憶：記憶には様々な情報が蓄積されている。その記憶は外部情報から探索する短期記憶と内部情報から探索する長期記憶に分けられる。獲得された情報は短期記憶か長期記憶のどちらかに貯蔵される。
　⑥意思決定プロセス：消費者が代替案の比較・選択において，すべての決定は，ヒューリスティクス選択や経験側に基づく単純な意思決定を行う

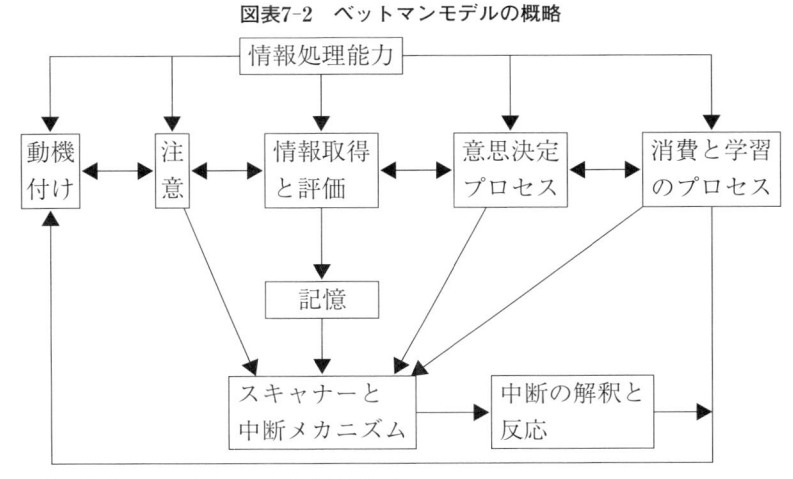

図表7-2　ベットマンモデルの概略

(出所) Bettman (1979), p.17を参考に作成。

という考え方である。この場合，消費者は個人の要素（個性）と状況要素（緊急性）に影響を受ける。
⑦消費と学習のプロセス：購買選択と消費が行われた後，その結果は情報源として将来の購買選択に影響を与える。購買成果の解釈によるが，例えば期待やそれ以上の満足を得ればヒューリスティクスの単純化になるが，逆の場合は精緻化が行われ選択行動は変容していく。
⑧スキャナーおよび中断メカニズム：外部の環境変化によって目標の遂行が中断されたり，変更されたりする。スキャナーは，情報を受け取る役割を果たすが，一方で中断メカニズムは情報を拒否する役割を果たしている。ベットマンモデルを概略すれば図表7-2のとおりである。

（3） ホーキンスとマザーズバーモデル

　ホーキンスらモデル（2010）の特徴は，「自己概念（self-concept）」と「ライフスタイル（lifestyle）」を中核として，「外部」と「内部」要因から影響を受け，その後「自己概念」と「ライフスタイル」から，「ニーズ（needs）と欲望（desires）」を創り出し，「ニーズと欲望」が「意思決定プロセス（decision process）：問題認識→情報探索→代替評価及び選択→店舗選択と購買→購買後プロセス」に影響を与える。その結果，消費者意思決定プロセスを通して得た経験と獲得物は，「外部」と「内部」に影響を与えるというフィードバック・ループを組み込んだ包括的概念モデルである。

　具体的に，ホーキンスらモデルの構造は，まず各個人が自己概念を開発し，そして多様な内部（主に心理的かつ肉体的）と外部（主に社会的かつ人口統計的）の影響に基盤をおいたライフスタイルを開発する。こうした自己概念とライフスタイルはニーズと欲望を創り出し，これらのニーズと欲望の多くは満足のために消費意思決定を求める。各個人が意思決定問題の状態に直面すると，消費者意思決定プロセスが活性化される。このようなプロセスとそれが生み出す経験や購買は，内的・外的特性に影響を与えることによって，消費者の自己概念とライフスタイルが形成されることになる。

　我々は，我々自身に対する観点（自己概念）を持っており，与えられた資源のもとで特定なマナー（ライフスタイル）で生活しようと努力している。

我々自身の見解と生き方は，内部要因（個性，価値，感性，そして記憶）と外部要因（文化，年，友人，家族，そして下位文化）によって決定される。また，我々の見解と生き方は，我々が日常的に接する数多くの状況をもたらすニーズと欲望を招くのである。

こうした多くの状況は，購買を考慮するように働きかける。そして我々の意思決定と意思決定プロセスは，学習をするように働きかけており，現在の自己概念とライフスタイルを変化させたり，強化させたりする多くの内部と外部の要因に影響を及ぼすのである。図表7-3は，このようなホーキンスらの消費者行動モデルを，簡略化して示した基本図式である。

ホーキンスらの消費者行動モデルは，次の四つの基本要素から構成されている。

1）外部影響

外部影響は，大規模のマクロ集団の影響から始め，それより小さいミクロ

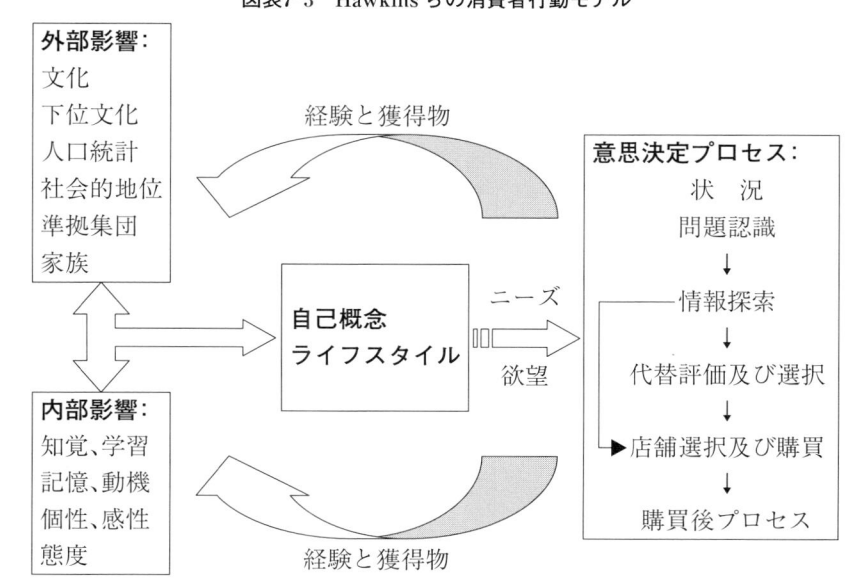

図表7-3　Hawkinsらの消費者行動モデル

（出所）Hawkins and Mothersbaugh (2010), pp.2-3を参考に作成。

集団の影響へと構成されていく。例えば，文化，下位文化，人口統計，社会的地位，準拠集団，家族という順である。内部影響要因と外部影響要因の間に両方向の矢印があるが，これは各影響要因が相互作用することを意味する。

2）内部影響

内部影響は，知覚から始まるが，この知覚プロセスは，個人がある刺激を受けてその刺激に意味を付与するプロセスである。内部要因は，知覚，学習，記憶，動機，個性，感性，態度に構成されている。

3）自己概念とライフスタイル

自己概念とライフスタイルは，本モデルの中心軸の役割を果たしている核心概念である。

自己概念は，個人が自身に対して持つ考えとフィーリングである。また，ライフスタイルは，個人の自己概念表現であり，彼らが生きている文化の結果として自身に対して持つ全体的イメージ，そして日常的に接する個人的状況と経験を意味する。この自己概念とライフスタイルは，ニーズと欲望を創り出すが，これは消費者意思決定プロセスを誘因する状況と相互作用する。

4）消費者の意思決定プロセス

消費者のニーズと欲望は，消費者の意思決定プロセスの一つかそれ以上のレベルを誘因する。この消費者意思決定は，問題の知覚（喉が渇いた）と機会（これは面白そう）によって生じる。そして，このプロセスは，問題の認識→情報探索→代替評価及び選択→店舗選択と購買→使用，処分，購買評価に区分される。

以上のように，ホーキンスらモデルの特徴として，まず各個人の自己概念とライフスタイルは，外部と内部要因から影響を受ける。こうした自己概念とライフスタイルは，ニーズと欲望を形成し，消費者意思決定プロセスに影響を与える。そして，消費者意思決定プロセスから得た経験と獲得物は，外部と内部要因に影響を与えるというフィードバック・ループを組み込んだ包括的概念モデルである。

本研究の主な目的は、「韓流」について考察することであるため、消費者の購買行動に影響を与えるホーキンスらモデルの外部と内部影響の中、特に外部の「文化」の影響に焦点を当て、議論を進めたい。また、消費者の購買行動に影響を与える要因として、コトラー（Kotler, 2012）は文化的、社会的、個人的、心理的な要因があるとし、その中でも「文化的要因」が最も広範かつ深い影響力を有していると指摘している。

④ 文化とグローバル・マーケティング

(1) 文化

　文化と大衆文化、そして下位文化は、どういう意味を持っているのか。文化はマーケティングにどのように用いられ、消費者行動にいかなる影響を与えているのか。それを理解するために、マーケティングや消費者行動の文脈から検討してみよう。

　コトラー（2012）によれば、「文化は、人の欲求と行動の根本的な決定要素である。例えばアメリカの子供たちは家族や他の重要な団体を通して、達成と成功、活動、効率と実用性、進歩、物質的な豊かさ、個人主義、自由、外向性、人道主義、そして若さのような価値観にさらされて成長する」としている。

　ソロモン（Solomon, 2011）は、「大衆文化とは、大衆が消費する音楽、映画、スポーツ、本、有名人、そして他のエンターテイメントなどで構成され、これはマーケターの商品であり、フィーリングである」と指摘している。

　ホーキンスら（Hawkins, 2010）によると、「下位文化は構成員の行動の区別される価値とパターンを共有する大きな文化の一つのセグメントである」という。例えば、アメリカのビック3の人種的下位文化は、アフリカ系アメリカ人、ラテンアメリカ系（ヒスパニック）のアメリカ人、アジア系のアメリカ人である。

　以上のことから、「文化はある集団を通して共通に学習されるものであり、大衆文化は、マーケターの努力による産物であると理解し、下位文化は他の

集団と異なる価値を共有する集団」と解釈したい。

しかし，ここでは議論を単純化するために，文化（culture）に大衆文化（popular culture）と下位文化（subculture）を含めることにする。

また，消費の文化的意味を検討するにあたり，ソロモンは文化的意味が与えられるものは，製造されてから消費者に到達されるまでに，いくつかの段階の取捨選択を経ると示した。実際，我々はマーケットで商品を購入する際，数多くの商品の品揃えに圧倒されることが多々ある。例えば，我々がネクタイやリップスティックの色を選ぶ時に，数多くの代替商品が見受けられる。しかし，これは表面上の豊富さであり，実際我々が購入する商品は全体の中の一部分である。

ソロモンによれば，製品に文化的意味を付加するプロセスは，まず「創造的下位システム」と「管理的下位システム」を通して文化選択（文化生産システム）をし，「コミュニケーション下位システム」に到達する。その後，「文化的ゲートキーパー」という専門的アドバイザーによる方向付けを経て「最終消費者」に伝達されるという。そして，文化的意味を持った製品は，消費者のアイディアや意見が反映された「消費者イノベーション」を通して「シンボル・プール」に届くというフィードバック仕組みとなっている。それが繰り返されることによって新しい製品，より洗練されたデザイン性を持つ製品，改善された製品などが新たな文化的意味を持つ製品として生まれるのである。例えば，「今，流行りの服」，「韓流」，「AKB48」などである。

図表7-4は，このようなソロモンの文化生産プロセスを簡略化して示した基本図式である。

具体的に，ソロモンモデルの構造を検討すると，まず我々が何か（自動車，ドレス，音楽のアーティスト，立候補者，宗教，あるいは科学的方法論さえ）を選ぶときに様々な選択肢がある。初期には，多くの可能性が採択のために競争するが，その多くは概念から消費までの道沿いに降りていく段階で混合から消失される。このふるい分けるプロセスを文化的選択と呼ぶ。

そして文化生産システム（Culture Production System；CPS）は，文化的製品を創造し市場化する個人と企業の一連のシステムである。CPS構造は，それが創造される製品の形態を決定する。

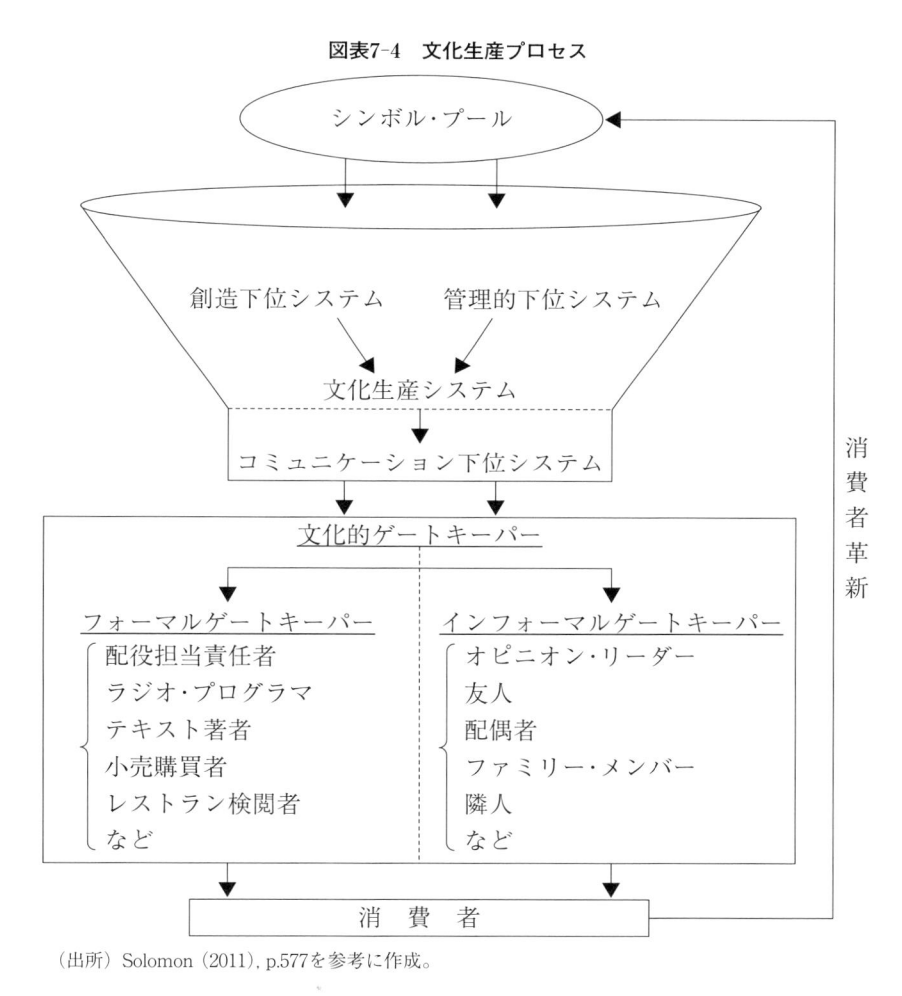

図表7-4 文化生産プロセス

```
             シンボル・プール ←──────────┐
                  ↓                      │
                                         │
    創造下位システム    管理的下位システム │
           ↓              ↓              │
          文化生産システム                │ 消
           ↓                              │ 費
    コミュニケーション下位システム        │ 者
           ↓                              │ 革
      文化的ゲートキーパー                │ 新
       ↓             ↓                   │
  フォーマルゲートキーパー  インフォーマルゲートキーパー
   配役担当責任者         オピニオン・リーダー
   ラジオ・プログラマ      友人
   テキスト著者           配偶者
   小売購買者             ファミリー・メンバー
   レストラン検閲者        隣人
   など                   など
           ↓                              │
         消 費 者  ───────────────────────┘
```

(出所) Solomon (2011), p.577を参考に作成。

CPSは，次のような三つの主な下位システムによって構成されている。
①創造的下位システム：新しいシンボルと製品を生み出す。
②管理的下位システム：新しいシンボルと製品を選択し，実態を創り，生産し，流通を管理する。
③コミュニケーション下位システム：新しい製品に意味を付与し，象徴的な属性の複合体を提供する。

「韓流」の一つであるK-POPを，文化生産システムの三つの構成要素に当てはめて考察してみると，①歌手（例：東方神起，創造的下位システム），②企業（例：SMエンターテイメント，管理的下位システム），③そのCD販売を促進させるためのPR代行者（例：PRコンサルティング・グループのブレイン），となる。その後，東方神起はソロモンがいう「文化的ゲートキーパー（フォーマルゲートキーパーとインフォーマルゲートキーパー）」を経由して「消費者」に伝わるのである。

さらに，フェザーストーン（Featherstone, 1991）は，消費文化について三つの主要な展望を行った。

①商品生産は消費財の様式，購買や消費の位置付けにおいて，巨大な物質文化の蓄積をもたらし，消費文化はそのような資本主義的商品生産の拡張を前提としている，というものである。
②より厳密な社会学的展望であり，財に由来する充足感が存在するということである。ここでの焦点は，社会的紐帯や区分を創造するために財を用いる人々の間に，様々なやり方が存在する。換言すれば，人々は財を他者との区別や絆で購入している。
③消費，夢，欲望の感情的快楽の問題が存在することである。それらは，消費文化のイメージや特定の消費の場において賛美されている，さまざまに生産する直接的・身体的興奮と審美的快楽の問題である。消費の文化的な側面と密接に結びついている。

この三つの軸の中で，特に③が本節での論題と密接に関わっている。すなわち，消費者が抱いていた夢や喜びの実現，思い描いているイメージの実現につながるという観点である。「韓流」についていえば，韓国ドラマ，特に「冬のソナタ」を観て「韓流」ファンになった人々は，「冬ソナ」ロケ地を訪れたり，またNHKで放送された「チャングムの誓い」に因んだ韓国の歴史を知り，韓国宮廷料理を楽しむツアーに参加したり，主演俳優が使用したグッズなど便乗商品をよく購買している。まさに，「韓流」ツアーは日本で観た韓国ドラマシーンの感動や夢，憧れ，希望，喜び，悲しみなどを体験でき

る役割を果たしている。換言すれば,「韓流」は文化的な側面から消費に伴う消費者に感情的な喜びを訴えたといえる。

さらに,日・韓の文化交流視点から,小倉は日本人にも韓国人にも大衆文化だけではなく,それ以外のそれぞれの固有の文化を理解してもらう方策がこれから必要であると指摘している。例えば,韓国には農楽やパンソリなどの伝統文化,日本には能や歌舞伎,文楽などの伝統文化がたくさんあり,それぞれの専門家による解説を聞き,歴史的な流れを知ることである。文化交流が大事なのは究極的には戦争をしないためであり,互いに良質の文化を知れば,あの人々を破滅させてはいけないという意識が働くという。したがって,安全保障は軍事より文化であると述べている。

以上のことから,異文化は国と国を繋いでいく役割を担っており,とりわけ平和をもたらす役割を果たすといえよう。

(2) グローバル・マーケティング

グローバル企業が海外市場への進出を考える際に必ず直面する問題は,標準化をすべきか現地化をすべきかである。

その問題について,ハーバード大学のレビット(Levitt, 1983)は,世界がグローバル化によって共通市場になりつつあり,人々は同じ製品や同じライフスタイルを求めているとして,世界市場の均質化という標準化を強調した[3]。

レビットの見解について,金(2009)は「確かに,有名なブランド品に対する消費者のニーズ・ウォンツや有名な俳優に対する憧れ,インターネットの普及,温暖化に対する共通認識などはレビットの指摘どおりである。しかし,それぞれの国には固有の消費者の嗜好や慣習などが存在する。例えば歴史,制度,文化,慣習,言語が異なるにもかかわらず,単純にグローバルに標準化された製品,ライフスタイル,マーケティング戦略などが同じ方向に進むという見解には疑問が生じる」と指摘した。

また,金はグローバル・マーケティングについて,地球全体を一つの同質なマーケット(標準化)だけではなく,異質なマーケット(現地適応化)をも含むものとしている。

一方，ホーキンスは，企業の文化的側面のグローバル戦略において標準化戦略は相当な費用削減をもたらすことができるとし，その標準化という統一性は時々可能であるが，企業は文化的違いを強調しなければならないと述べている。その事例として，マクドナルドは，全世界に統一性を維持するために努力してきたが，今は彼らの製品を現地のニーズに適用させている。例えば，日本の場合はバーガーに卵フライを追加したり，タイでは甘いバーベキューソースを添加したサムライポークバーガーを提供している。また，マクドナルドは，店舗レイアウトも現地適応をさせている。例えば，イスラム国家では店内を家族と未婚者の席を区別している。

　大塚製薬のオロナミンC（炭酸栄養ドリンク）は，中東の人々に非常に人気があるという。その理由は，オロナミンCの味を中東向けの人々のニーズに合わせて新たに開発したからである。要するに，中東向けの方が日本向けより炭酸が少なく，あまみがより沢山入っている（2011年9月インタビュー）ことである。すなわち，大塚製薬の中東への成功の一つは，オロナミンCを中東の人々が好む味に現地適応化したことに起因するといえる。

　以上のように，とりわけ食文化は現地適応化が極めて重要であると思われる。例えば，牛はヒンドゥー社会では神聖なものであるとされている。したがって，ヒンドゥー教徒が多いインドのマクドナルドでは牛肉の代わりに鶏肉が使われている。また，イスラム，ユダヤ教徒が豚肉を不浄などの理由から食べないとされているが，その論理は明らかにされていない。いずれにせよ，グローバル企業が海外市場への進出を考える際に，こうした飲食に対する現地の嗜好や宗教による食に対するタブーを最優先的に考慮すべきことであろう。

　上記の議論や事例から，一般的に多くのグローバル企業は，標準化-現地化戦略に苦慮しているが，少なくともどういう条件のときには現地適応化戦略が必要となるかを考えなければならない。

　「韓流」の源泉について，上記の標準化-現地化戦略を用いて考察すると，「韓流」ドラマに関しては周知のように標準化であるといえる。しかし，K-POPに関しては，標準化-現地化という両戦略を用いている。例えば，韓国女性歌手グループのKARAについていえば，標準化戦略はメロディー，ダ

ンス，ファッションなどであるが，現地化戦略は日本語の歌詞，メンバー全員が日本語を勉強し現地語である日本語で話すことである。強いて言えば，韓国語ではなく，日本語で歌うことで，現地に根付きながら，現地の人々に溶け込むことである。

　とりわけ，少女時代は初めからグローバル市場での展開を前提にしている。すなわち，少女時代は日本語，英語，中国語に堪能な人材をメンバーに加え，世界各国で現地化ができる構成となっている。また，韓国の最大財閥サムスンの海外での成功要因の一つは人材の現地化である。サムスンでは1990年以降，地域専門化制度を導入している。いわゆる駐在員ではなく，担当国で1年間自由に過ごしながら，言語や文化，そして思想の理解に努める。グローバル人材育成へ厳しい選抜競争を実施しているのである。換言すれば，自分たちのブランド力を過信せず，常に現地の消費者視点で物事を考え，グローバル競争を勝ち抜こうとしていることである。このことは現地化がいかに重要であるかを物語っている。

　以上のことから，「韓流」が長続きできる秘訣の一つは標準化だけではなく，このような現地適応化，主に現地の言語で歌い，話すことによって好感を持たせ，また親しみを感じやすくさせることである。ここで，強調したいのは，異質性だけに限るのではなく，相手を考える気持ちや思いがその特異性を共通性へと変え，融合性を見出そうとする努力が実ったことである。

❺ まとめ

　近年，韓国人・韓国企業の活躍が目立っている。日本においても男女ゴルファーを問わず日本オープン・ゴルフの上位の中に韓国出身がいるとか，平成23年6月21日（現地時間）に開催された国連総会において藩基文国連事務総長の再任が決定されるとか，サムスンやLGという韓国製の薄型テレビが世界シェア1位，2位である[4]とか，さらにサムスンが世界初の55型有機EL（エレクトロ・ルミネセンス）テレビを年内（2012年）に発表することが決まったとか，PSYの"江南スタイル（Gangnam style）"が世界最高権威の米ビルボード総合チャート「ホット100」で3週連続2位（2012.10.11

となるなど，韓国人や韓国企業が世界中で目覚ましい活躍を遂げている。

　本稿の主な目的は，その「韓流」の源泉を究明することであった。具体的に，まず「韓流」についての先行研究のレビューを通して本研究の位置づけを明確にした。次に，消費者行動モデルの再構築を概観し，これまでに十分に取り込まれてきたとはいえない分野である「韓流」（文化）をグローバル戦略との関連で検討することで，標準化-現地化問題に新たな主張を加えた。

　すなわち，先行研究レビューでは，韓国・韓国人に対してイメージの変化や「韓流」の影響要因分析，などの研究が多かったが，特に「韓流」ドラマの影響で韓国・韓国人に対してイメージが大きく変わり，変わりつつあることを指摘した。既存研究では，「韓流」の元祖である「冬のソナタ」やその関連分野を調査・分析の対象にしたのであるが，本章では，「韓流がなぜ続くのか」に焦点を当て，その源泉の解明を試みた。

　次に，消費者行動の側面からの理論的フレームワークでは，代表的な消費者行動モデルの検討を通して，「韓流」の影響要因について再考察した。消費者行動において，ハワードらがいう刺激-反応やホーキンスらがいう自己概念，ライフスタイル，内部要因，外部要因，ニーズと欲望の重要性を再確認できた。

　最後に，「韓流」を文化の側面から捉え検討し，標準化-現地化戦略に照らして考察した。その結果，ソロモンの文化生産プロセスと通して，文化的意味を持つための過程が理解できた。また，「韓流」が長続きできる要因の一つは，標準化だけに固執することではなく，現地適応化も併せて行うことであった。すなわち，現地の言語で歌い，話すことであった。強いて言えば，「韓流」の源泉は，異質性だけに拘ることではなく，相手の気持ちを考えること（同質性）であり，共通性や融合性を見出そうとする努力のことであると思われる。

注）

1）　黄（2007）は，「韓流」が持続しやすい理由として，テレビから始まったからであると指摘している。かつて，香港ブームは映画人気から始まり，日本文化ブームはゲームやJ-POPを中心に流行した。それに対して，韓国ブームはテレビから始まっているため，流行が持続し

やすい。また「韓流」がテレビドラマに端を発してアジアに広がったのは，アジアにおける多メディア・多チャネルと同時に，テレビドラマは映画よりも視聴者が多く，日常生活に密着して幅広い層に影響を与えたためであると指摘した。
2) 簡易予備調査（2011年9月21日）として，「韓流」について大学1年生を対象に調査した結果，116人中17人（11％）が「韓流」に関心を示した。属性で興味深かったことは，「韓流」に興味があると答えた17人の学生中，男子学生が13人で，女子学生が4人であった点である。詳しくは以下の文献を参照されたい。金成洙著（2012）「消費者行動と文化の影響：韓流について」『専修マネジメント・ジャーナル』，専修大学経営研究所，第1巻第1・2号（創刊記念号），3月，54頁。
3) 標準化あるいは世界標準化（global standardization）は，母国のマーケティング活動を修正することなく世界各国へ適用することであり，現地化あるいは現地適応化（local adaptation）は，それぞれの国の社会的，文化的，歴史的などの特殊性を認め，現地市場への適応を図ることである。
4) 2011年の薄型テレビの世界シェアをみると，世界1位の企業はサムスン電子（18.7％）であり，第2位以下はLG電子（13.1％），ソニー（10.3％），パナソニック（7.9％），シャープ（6.7％），東芝（6.6％），ハイセンス（3.6％）と続いている。『日経MJ』2011年6月20日。

主な参考文献

青木幸弘（2010）「消費者行動分析の歴史」池尾恭一・青木幸弘・南千恵子・井上哲浩『マーケティング』有斐閣，72-106頁。
石田佐恵子・木村幹・山中千恵編著（2007）『ポスト韓流のメディア社会学』，ミネルヴァ書房。
黄盛彬（2007）「『韓流』の底力，その言説」石田佐恵子・木村幹・山中千恵編著『ポスト韓流のメディア社会学』，ミネルヴァ書房，109-136頁。
上瀬由美子・萩原滋（2003）「ワールドカップによる外国・外国人イメージの変化」『慶應義塾大学メディア・コミュニケーション研究所紀要』，第53号，97-114頁。
門倉貴史（2004）「日本の「冬ソナ」ブームが韓国・日本のマクロ経済に及ぼす影響」，第一生命経済研究所，12月10日，ニュースNo.51，1-5頁。
金成洙（2009）「グローバル・マーケティング」宮澤永光・城田吉孝・江尻行男編著『現代マーケティング』，ナカニシヤ出版，208-227頁。
佐藤幸治・中根冬雄（1948）「戦後における青年学生の民族好悪」『心理』，第2号，69-72頁。
櫻坂英子（2008）「韓流と韓国・韓国イメージ」『駿河台大学論叢』，第36号，29-47頁。
『週刊東洋経済』（2010），9月25日号。
髙木栄作・坂元章（1991）「ソウルオリンピックによる外国イメージの変化—大学生のパネル調査—」『社会心理学研究』，第6巻第2号，98-111頁。
長谷川典子（2005）「テレビドラマ『冬のソナタ』の受容研究—日韓コミュニケーションの視点から—」『多文化関係学』，第2号，15-30頁。
『日経ビジネス』（2010），7月31日号。
『日経ビジネス』（2010），9月27日号。
『日経ビジネス』（2011），9月26日号。

毛利嘉孝（2004）「『冬のソナタ』と能動的ファンの文化実践」毛利嘉孝編『日式「韓流」――『冬のソナタ』と日韓大衆文化の現在―』，せりか書房，14-50頁。

吉田就彦（2011）「日本から世界へ―K-POPの新しい挑戦―」『MARKETING HORIZON』，日本マーケティング協会，第8号，28頁。

Bettman, K. J. (1979), *An Information Processing Approach of Consumer Choice*, Addison-Wesley, p.17.

Featherstone, M. (1991), *Consumer Culture & Postmodernism*, SAGE Pub.（池田緑（2003）「消費文化の諸理論」川崎賢一他編訳『消費文化とポストモダニズム　上巻』，恒星社厚生閣，37頁）

Hawkins, D. I. and D. L. Mothersbaugh (2010), *Consumer Behavior: Building Marketing Strategy*, 11th ed., Mc Graw Hill, pp.26-29.

Howard, J. A. and J. N. Sheth (1969), "*The Theory of Buyer Behavior*," John Wiley & Sons, Inc., p.30.

Kotler, P. and K. L. Keller (2012), *Marketing Management*, 14th ed., Prentice-Hall.

Solomon, M. R. (2011), *Consumer Behavior*, 9th ed., Prentice Hall, pp.577-578.

第8章

ベッドタウンに住む高齢者の購買行動

学習の要点
・具体的な消費者行動調査の事例から,それを理解する。
・実際の事例から,t検定と因子分析を理解する。

キーワード
t検定,因子分析,高齢者の意識

❶ 調査の概要

　一部の都市を除き，国内では各地で高齢化問題が深刻化している。
　平成23年6月7日に総務省により発表された「平成23年版　高齢社会白書」によれば，我が国の総人口は平成22（2010）年10月1日現在，1億2806万人であり，65歳以上の高齢者人口は過去最高の2958万人（前年2901万人）という。総人口に占める65歳以上人口の割合（高齢者比率）は23.1％（前年22.7％）である。それが，平成67（2055）年には，2.5人に1人が65歳以上，4人に1人が75歳以上になると予想されている。
　2000年以前，高齢化問題といえば，地方の農山漁村の問題と捉えがちであったが，昨今では都市へも広がりを見せている。「買い物難民」あるいは「買い物弱者」という言葉が知られるように，商業施設の撤退により，日常生活に必要な買い物することさえ不自由するところも散見されはじめる。
　こうしたことを念頭に，平成23年度に札幌市のベッドタウンである江別市で住民意識及び購買行動調査を実施した。本章ではその中から高齢者に焦点を当て，買い物に便利（近隣に充実した品揃えのあるスーパーが複数存在している）な町と買い物に不便（近隣で満足した買い物ができない）な町の住民の購買行動の違いを考察する。

❷ 調査対象地区の特徴

　江別市は北海道経済の中心地である札幌市に隣接する。JRを利用すれば江別市の市街地から札幌駅までおよそ20〜30分程度の距離にあり，いわゆる札幌市のベッドタウンと位置付けられている。
　江別市では行政区画として便宜的に江別地区，野幌地区，大麻地区の三つに分けている。江別地区は石狩川沿いに面しており，開拓されたのは明治時代にさかのぼる。高度経済成長期である1960年代頃からは野幌地区，大麻地区の宅地化が急速に進んだ。現在の江別市は高度経済成長期の頃のおよそ3倍の12万人を数えるに至っている。

第8章　ベッドタウンに住む高齢者の購買行動 | 177

図表8-1　平成12年江別市高齢地区

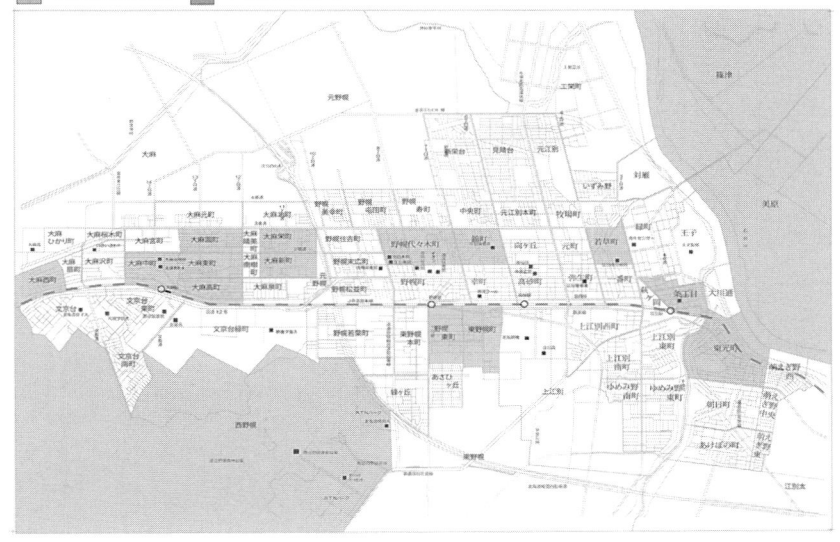

■ 軽高齢地区　■ 中高齢地区

図表8-2　平成22年江別市高齢地区

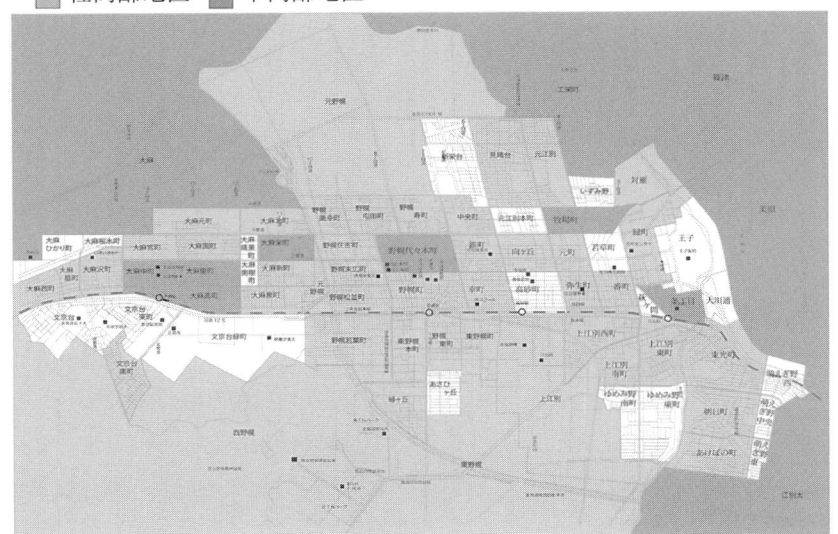

■ 軽高齢地区　■ 中高齢地区

この間，江別市には大型の小売業が相次いで進出し，大麻地区，野幌地区は北海道有数のスーパーマーケット激戦区といわれるまでに発展した。ところが，10年ほど前から撤退するスーパーも見られはじめ，「買い物難民」の発生を懸念する声が高まってきた。

図表8-1，図表8-2に江別市の高齢化度合いを示した。大野（2008）の限界集落の概念をもとに，新たに65歳以上の人口が総人口の50％を超える地区を「重高齢地区」，55歳以上の人口が総人口の50％を超える地区を「中高齢地区」，45歳以上の人口が総人口の50％を超える地区を「軽高齢地区」と定義し，これらに当てはまらない地区を「非高齢地区」とした。

図表8-1は平成12年の江別市の高齢化度合いであり，図表8-2が平成22年の高齢化度合いである。平成22年現在，本調査が定義した重高齢地区は存在しなかったが，多くの町で高齢化が進行していることが確認される。

❸ 調査・分析の手法

図表8-3に消費者購買行動の基本的な枠組みを示す。

消費者購買行動はこれまでの研究から消費者の置かれている環境や消費者ごとの個人差によって，購買プロセスへ多面的に影響を与えることが明らかにされている。消費者行動に影響を与える要因には，消費者への刺激にあたる情報，そして買い物に対する態度，生活に対する意識・考え，社会および経済にどのような認識を持つかといったものがあると考えられている。これらの要因について，それぞれ4質問を用意して，購買行動を捉えることにした。

質問票では架空の主婦を想定し，回答者がそれにどの程度似ているかを尋ねる形式とした。回答は「とても似ている（5）」，「やや似ている（4）」，「どちらともいえない（3）」，「あまり似ていない（2）」，「まったく似ていない（1）」の5段階のリッカート（Likert）尺度法を採用している。

本調査は，高齢者と非高齢者，そして買い物に便利な町と不便な町の住民の意識の違いを明らかにすることを目的にしている。そのため，調査対象者を確率抽出法（無作為抽出法）による選定ではなく，非確率抽出法の判断抽

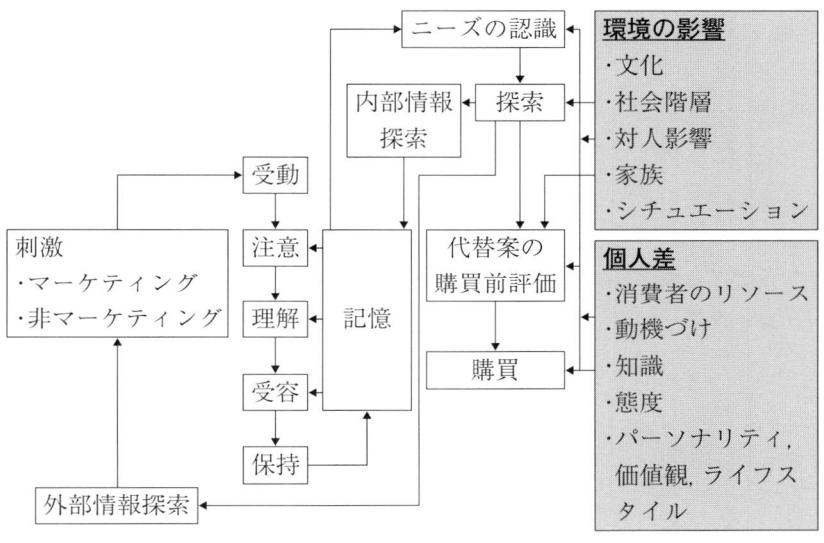

図表8-3 消費者購買行動モデル

(出所) Blackwell, Miniard and Engel (2001), p.79

出法を採用することにした。図表8-2をもとに，「中高齢地区」，「軽高齢地区」，それに近年宅地化された「非高齢地区」に当たる町を，江別市役所企画部，経済部の協力を得て調査対象町として選定した。選定した町は江別地区から「条丁目」，「東光町」，「ゆめみ野東町」，野幌地区から「野幌代々木町」，「野幌屯田町」，「新栄台」，大麻地区から「大麻東町」，「大麻泉町」，「大麻ひかり町」，豊幌地区から「豊幌美咲町」の計10町である。

図表8-4に質問項目を整理した。購買行動の要因を「情報指向」，「購買態度」，「生活目標」，「社会・経済」の4要因に分け，各要因の詳細要因には4質問を用意している。図表8-5ではそれぞれの要因の意図を説明している。

有効回収数については図表8-6に記載した。また，質問票の回答者の年代については図表8-7に記載している。

高齢地区在住65歳以上の住民の購買行動の特徴を捉えるために因子分析を用いた。因子分析はその集団の潜在的な因子（特徴）を探ることができる。

対象町については，江別地区は中高齢地区である条丁目，軽高齢地区であ

る東光町を，野幌地区は中高齢地区の野幌代々木町，軽高齢地区の野幌屯田町を，大麻地区は中高齢地区の大麻東町，軽高齢地区の大麻泉町をそれぞれ代表として65歳以上の高齢者を抽出した。江別地区の条丁目から野幌地区の野幌代々木町までは約4km程度，野幌代々木町から大麻東町までは約3km程度と車による移動であれば5分圏内にある。比較対象の町は，さほど遠く離れているわけではない。

本調査ではリッカート尺度法による回答である。そのため，回答結果が正規分布にあるとはいえず，主因子法を用いた。また因子間の相関はないとはいえないため，斜交回転の一つであるプロマックス法を採用している。

図表8-4　質問項目

要因	詳細要因	質問項目
情報指向	チラシ情報	(1) チラシやカタログなどをきちんと見てから買い物に行く。
	対人情報	(2) 商品に詳しい友人にアドバイスを求めたり，クチコミを参考にしたりする。
	新商品情報	(3) 将来的に購入を考えているものは，新製品が発売されるとあれこれ調べる。
	店員情報	(4) 家電製品を買うときなどは，積極的に店員の意見を聞く。
購買態度	衝動買い	(5) 欲しいと思った商品は，その場で買ってしまうことがよくある。
	品質重視	(6) 価格よりも製造者（メーカー）や生産地などを重視して購入している。
	大店買い	(7) 遠くても品物の種類や量が豊富なお店で買い物をしている。
	浪費買い	(8) まだ使えるのに，つい新しいものを買ってしまうことがよくある。
生活目標	自分買い	(9) 生活を質素にしてでも，好きなこと（もの）に多くのお金を使っている。
	家計重視	(10) 家計については，将来を含めてよく考えている。
	自分時間	(11) 友人との時間より，（自己啓発や学びなど）自分のために時間を使っている。
	自由重視	(12) 今より貧しくなったとしても，仕事より自由な時間を大切にしている。
社会・経済	社会楽観	(13) 少子高齢化が社会問題になっているが，私個人はそれほど不安を感じない。
	身近な絆	(14) 友人を多くつくることよりも，家族や身近な人との絆を大切にしている。
	不祥事楽観	(15) 個人情報流出や食の安全など，企業の不祥事が続くが特に気にしていない。
	生活充実	(16) 2～3年前よりも充実した生活を送っている。

第8章 ベッドタウンに住む高齢者の購買行動 181

図表8-5　質問の意図

住民意識	要因	詳細要因	質問回答の尺度
消費者購買行動	直接的要因	情報指向性	5 ←高情報指向　　低情報指向→ 1
		購買態度	5 ←積極的購買　　消極的購買→ 1
	間接的要因	生活目標	5 ←強充足追求　　弱充足追求→ 1
		社会・経済	5 ←弱将来関心　　強将来関心→ 1

調査期間：2011年10月15日〜21日（7日間）
※ ただし，野幌屯田町については2011年11月26日〜12月2日に実施した．
回収数：各町から100世帯，計1000世帯を目標に回収した（江別市街地3地区から各3町，それに豊幌地区1地区1町を加え10町を選定（judgmentsampling））．
調査員：江別市シルバー人材センターに委託（調査員7名）
　　　※ 調査に関する講習会を実施．

図表8-6　質問票回収結果

地区	調査対象町	人	口	世帯数		有効回答数	
江別	条丁目	1094		573		37	
	東光町	2069	47015	958	19604	91	219
	ゆめみ野東町	2424		761		91	
野幌	野幌代々木町	2714		1292		78	
	野幌屯田町	2011	43138	864	19245	89	238
	新栄台	3602		1182		71	
大麻	大麻東町	1408		665		88	
	大麻泉町	1372	28630	637	13851	66	239
	大麻ひかり町	1198		673		85	
豊幌	豊幌美咲町	1463	2922	668	1223	74	74
江別市全体		19355	121705	8273	53923	770	

人口および世帯数については2011年10月のものを使用している．
回収数は各町100世帯であるが，「条丁目」については68世帯であった．

図表8-7　回答者の年代

	全体	江別			野幌			大麻			豊幌
		条丁目	東光町	ゆめみ野東町	代々木町	屯田町	新栄台	東町	泉町	ひかり町	美咲町
10代	0	0	0	0	0	0	0	0	0	0	0
20代	12	0	0	4	1	1	2	2	0	0	2
30代	112	2	5	29	5	3	32	5	5	20	6
40代	133	6	9	22	5	10	19	6	12	35	9
50代	148	11	12	14	17	25	8	12	13	15	21
60代	174	6	27	15	22	28	8	19	18	9	22
70代	142	7	26	7	21	17	2	31	15	5	11
80代	46	4	12	0	6	5	0	12	3	1	3
90代	3	1	0	0	1	0	0	1	0	0	0
計	770	37	91	91	78	89	71	88	66	85	74
平均年齢	57.1	61.4	64.9	47.7	63.3	60.3	43.9	66.1	59.5	47.5	57.8
		57.2			56.4			57.7			57.8

④ 調査・分析の結果

　対象とした地区全体の高齢者（65歳以上）の購買行動を江別地区，野幌地区，大麻地区に分けて地区ごとの特性を分析する。
　それに先立って，それらの地区の年齢による差異がないかを確認した。年代によって購買に伴う消費者意識が異なることは周知の通りである。地区ごとに異なる特性が表れたとしても，年代に差異があればそれが地区による意識の違いなのかを判断することはできない。

（1）年齢分布の確認

　t検定には互いの分散が等しいことを仮定する検定と等しくないことを仮定する検定がある。そのため，先にルビーン（Levene）の検定により，等分散性を確認する。ルビーンの等分散性検定は文字通り，分散の具合いを確認する検定の一つである。この検定では，帰無仮説（H0）を「グループの分散は等しい」とし，対立仮説（H1）を「グループの分散は等しくない」とする。たとえば5％水準において帰無仮説が棄却されると「グループの

図表8-8　Leveneの等分散性検定

	江別−野幌	江別−大麻	野幌−大麻
有意確率	0.228	0.218	0.956

図表8-9　等分散を仮定したt検定

	江別−野幌	江別−大麻	野幌−大麻
有意確率	0.083	0.622	0.166

分散は等しくない」ということになる。

　3地区のそれぞれを検定した結果を図表8-8に表した。有意差を判断する基準を5％にした場合，いずれの地区の比較でも有意ではなく，等分散が仮定される。よって，等分散を仮定したt検定を行う。

　これをもとにt検定を実施した結果が図表8-9である。同様に有意差を判断する基準を0.05にした場合，いずれの地区の比較でも0.05よりも大きい値であり，有意差があるとはいえなかった。すなわち，本分析において3地区の年齢による差異はないことにする。

(2) 3地区の購買行動の因子分析

　図表8-10に因子分析の結果を表した。各因子の中で比較的高い項目については網掛けとしている。またそれぞれの因子分析の結果の下には各因子の相関行列を示した。図表8-11には各因子の解釈を載せた。

＜江別市3地区を併せた消費者意識＞

　3地区を併せた高齢者の消費者意識は，「図表8-10，全体」である。第1因子では「4.購買時収集」，「6品質重視」がプラスで高い負荷量を示しており，「1.受動的収集」，「3.主体的収集」がそれに続く。それぞれの因子への影響度を理解しやすくするために，値の大きい順に並べ替えてグラフ化した。これより，3地区を併せた高齢者の消費者意識の第1因子は「良品を選択する」行動と考えることができる。

　このように第2因子，第3因子，第4因子，第5因子をそれぞれ考察する。

　第2因子は「9.自分買い」，「5.衝動買い」，「8.浪費買い」が高く，

図表8-10　江別市65歳以上の消費者購買行動の因子分析結果

全体 ($n=220$)

	因子（累積寄与率：53.4%）				
	1	2	3	4	5
1	.498	−.069	−.129	.005	.108
2	.200	.298	.087	−.048	.054
3	.446	.393	−.058	−.161	.058
4	.748	−.173	.135	−.027	−.085
5	−.065	.567	.001	.241	−.185
6	.530	−.058	.032	.109	.008
7	.419	.323	−.052	.063	.014
8	−.068	.532	−.102	.121	−.080
9	.004	.567	.157	−.094	.071
10	.056	−.014	−.083	.025	.687
11	.049	−.054	.242	.260	.313
12	.010	.068	.814	−.016	−.073
13	.111	.022	−.067	.554	−.007
14	.235	−.338	−.041	.203	−.150
15	−.112	.019	.109	.302	−.045
16	−.034	.055	.003	.401	.284
寄与率	17.9%	11.7%	10.0%	7.2%	6.6%

因子相関行列

因子	1	2	3	4	5
1	1.000	.291	.187	−.043	.510
2	.291	1.000	.018	.025	.043
3	.187	.018	1.000	.191	.122
4	−.043	.025	.191	1.000	−.172
5	.510	.043	.122	−.172	1.000

江別地区 ($n=65$)

	因子（累積寄与率：57.6%）				
	1	2	3	4	5
1	.239	.055	−.062	.669	.027
2	.215	.212	.269	.024	−.185
3	.314	.320	.050	.114	−.116
4	.746	−.081	−.003	.061	.029
5	−.016	.487	.216	−.414	−.015
6	.708	−.290	−.020	−.071	.068
7	.460	.467	−.053	.030	.118
8	−.074	.618	−.126	−.053	.093
9	−.157	.646	−.076	.165	.006
10	−.133	.173	.089	.653	−.037
11	.245	−.019	.079	−.029	.135
12	.207	−.114	.369	−.168	−.105
13	.215	.054	.097	.044	.763
14	.212	−.423	.074	−.222	−.004
15	−.136	.098	−.100	−.217	.448
16	−.124	−.129	.991	.150	.136
寄与率	19.9%	12.2%	10.9%	7.7%	6.9%

因子相関行列

因子	1	2	3	4	5
1	1.000	.441	.307	.391	−.250
2	.441	1.000	.284	−.068	−.330
3	.307	.284	1.000	−.039	.035
4	.391	−.068	−.039	1.000	−.135
5	−.250	−.330	.035	−.135	1.000

野幌地区 ($n=71$)

	因子（累積寄与率：58.7%）				
	1	2	3	4	5
1	.266	.459	−.117	.238	−.052
2	−.044	−.001	.421	.042	.050
3	.195	.455	.429	−.082	−.099
4	.596	.183	−.008	.118	.120
5	−.662	.229	.116	.004	−.052
6	.419	.152	.024	.076	−.034
7	−.106	.888	.023	−.019	−.016
8	−.346	−.041	.457	−.087	−.114
9	−.131	.137	.661	−.068	.296
10	.303	.159	.116	−.094	−.209
11	.167	−.156	.421	.266	.072
12	.089	−.067	.208	.028	.931
13	−.336	.232	−.140	.689	.066
14	.271	−.009	−.027	.519	.079
15	−.432	−.092	.227	.270	.223
16	.034	−.163	.288	.485	−.276
寄与率	18.4%	13.0%	10.7%	8.4%	8.2%

因子相関行列

因子	1	2	3	4	5
1	1.000	.209	.146	.058	.123
2	.209	1.000	.154	−.011	.041
3	.146	.154	1.000	.092	.365
4	.058	−.011	.092	1.000	.061
5	.123	.041	.365	.061	1.000

大麻地区 ($n=84$)

	因子（累積寄与率：57.4%）				
	1	2	3	4	5
1	.271	.151	−.143	−.008	.649
2	−.026	.596	.100	−.071	.195
3	.101	.736	−.026	.041	−.123
4	.337	.211	.238	−.074	.060
5	−.060	.150	.081	.632	.074
6	.599	.135	−.062	.111	−.044
7	.425	.022	−.035	.248	−.020
8	−.065	−.001	−.074	.677	−.145
9	.084	.410	.099	.229	−.185
10	.646	.108	−.068	−.282	−.198
11	.599	−.224	.249	−.088	−.082
12	−.039	.161	.965	−.027	−.027
13	.243	−.149	.004	.322	−.180
14	−.146	−.162	.127	−.091	.352
15	.214	−.238	.315	.198	.201
16	.232	−.023	−.008	.071	−.297
寄与率	19.0%	13.0%	9.5%	8.7%	7.2%

因子相関行列

因子	1	2	3	4	5
1	1.000	.334	−.038	.145	.176
2	.334	1.000	.031	.367	.131
3	−.038	.031	1.000	.004	−.179
4	.145	.367	.004	1.000	.238
5	.176	.131	−.179	.238	1.000

図表8-11　各因子の解釈

	第1因子	第2因子	第3因子	第4因子	第5因子
江別市全体	良品選択	散財傾向	自分主義	生活満足	堅実傾向
江別地区	良品選択	散財傾向	生活充実	堅実傾向	社会信頼
野幌地区	良品堅実	店舗選択	積極買い	小社会満足	自由重視
大麻地区	良品堅実	情報感度	自由重視	散財傾向	生活不満足

図表8-12　江別市3地区の第1因子

4. 店員情報
6. 品質重視
1. チラシ情報
3. 新商品情報
7. 大店買い
14. 身近な絆
2. 対人情報
13. 社会楽観
10. 家計重視
11. 自分時間
12. 自由重視
9. 自分買い
16. 生活充実
5. 衝動買い
8. 浪費買い
15. 不祥事楽観

自分の欲しいものに対して積極的であるが，特に品質，価格を気にするわけでもなく，情報に積極的ともいえず散財型の傾向があるといえる。

第3因子は「12. 自由重視」，「11. 自分時間」，「9. 自分買い」が高いことから自分中心な生活や買い物をしているといえる。老後生活を満喫しようとする意識があるのかもしれない。

第4因子は「13. 社会楽観」，「16. 生活充実」，「15. 不祥事楽観」が高く，現在，そして将来に対して特に不安を感じておらず充実した生活を送っていると考えられる。

第5因子は「10. 家計重視」が最も高く，「11. 自分時間」，「16. 生活充実」が続く。「5. 衝動買い」，「8. 浪費買い」がマイナスの上位にあることから堅実な生活と考えているといえる。なお，この第5因子と第1因子の

相関は0.510と各因子の相関の中で最も高いことを付け加えておく。

江別3地区を併せた高齢者の消費者意識は第1因子が「良品選択」，第2因子が「散財傾向」であり，以下の因子からも買い物に対して，比較的，積極的な傾向があるといえるだろう。

以降，江別地区（条丁目，東光町），野幌地区（野幌代々木町，野幌屯田町），大麻地区（大麻東町，大麻泉町）のそれぞれの特徴を確認する。

＜江別地区の消費者意識＞

江別地区の第1因子は「4.店員情報」，「6.品質重視」，「7.大店買い」，「3.新商品情報」が高い。このことから「良品を選択する」行動と考えることができる。

第2因子は「9.自分買い」，「8.浪費買い」，「5.衝動買い」，「7.大店買い」が高い。散財の傾向があるといえる。

第3因子は「生活充実」が高い値を示している。次に「12.自由重視」であり，現状の生活に満足している様子が確認される。

第4因子は「1.チラシ情報」，「10.家計重視」が高い。マイナスでは「5.衝動買い」が高く，衝動的な買い物はしない様子がうかがえる。このことから，堅実的な買い物をする傾向が確認できる。

第5因子は「13.社会楽観」，「15.不祥事楽観」が高い。社会に信頼を置いているといえる。

＜野幌地区の消費者意識＞

野幌地区の第1因子はプラスで「4.店員情報」，「6.品質重視」，「10.家計重視」が高く，マイナスで「5.衝動買い」，「15.不祥事楽観」，「8.浪費買い」が高い。堅実に良品を選択する様子が確認される。

第2因子は「7.大店買い」，「1.チラシ情報」，「3.新商品情報」が高い。買い物に関する情報を集め，豊富な商品を取り扱う店を利用している。「13.社会楽観」，「5.衝動買い」も質問項目の中では比較的高く，買い物を楽しんでいる傾向があるといえる。

第3因子は「9.自分買い」，「8.浪費買い」，「3.新商品情報」，「11.自分時間」，「2.対人情報」が高い。自分の欲しいものを買い，浪費する傾向がある。また新商品を調べたり，友人に聞いたりする。買い物に対して積極

図表8-13　江別地区の第1因子

左	右
4. 店員情報	9. 自分買い
6. 品質重視	8. 浪費買い
7. 大店買い	5. 衝動買い
3. 新商品情報	7. 大店買い
11. 自分時間	3. 新商品情報
1. チラシ情報	2. 対人情報
13. 社会楽観	10. 家計重視
2. 対人情報	15. 不祥事楽観
14. 身近な絆	1. チラシ情報
12. 自由重視	13. 社会楽観
5. 衝動買い	11. 自分時間
8. 浪費買い	4. 店員情報
16. 生活充実	12. 自由重視
10. 家計重視	16. 生活充実
15. 不祥事楽観	6. 品質重視
9. 自分買い	14. 身近な絆

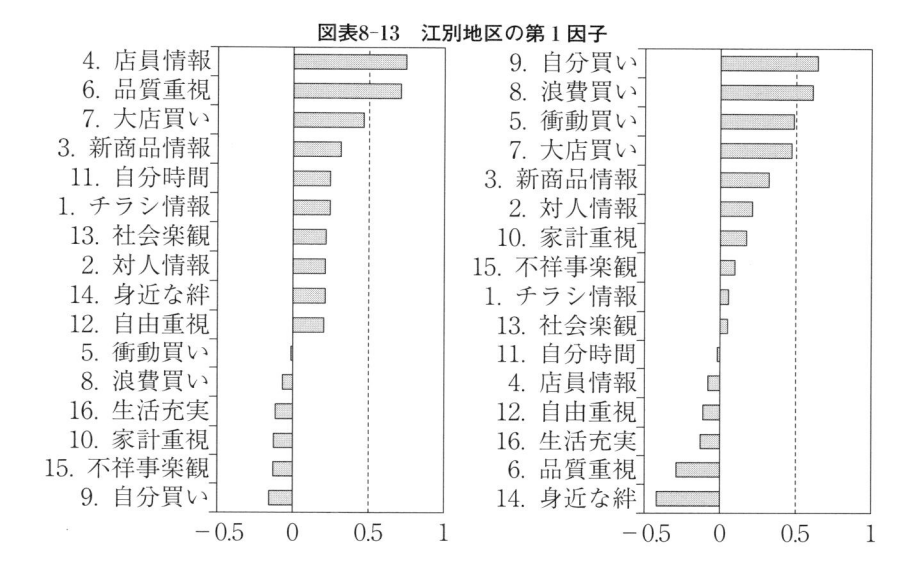

的な姿勢を感じる。

　第4因子は「13.社会楽観」,「14.身近な絆」,「16.生活充実」が高い。交際は家族,仲の良い人で良いと考え,社会に不安を感じず,生活に満足していると考える。

　第5因子は「12.自由重視」が高い。

＜大麻地区の消費者意識＞

　大麻地区の第1因子は「10.家計重視」,「11.自分時間」,「6.品質重視」が高く,そして「7.大店買い」,「4.店員情報」,「1.チラシ情報」が続く。野幌地区と同様に,堅実的に良品を選択する様子が確認される。

　第2因子は「3.新商品情報」,「2.対人情報」,「9.自分買い」が高く,「4.店員情報」,「12.自由重視」,「1.チラシ情報」が続く。上位6項目中4項目で情報指向性に関する質問が含まれ,買い物情報をよく収集していることが確認される。

　第3因子は「12.自由重視」が他の質問項目と比較して非常に高い。次いで「15.不祥事楽観」,「11.自分時間」が続く。自分のために有意義な時間を過ごそうとする意識である。

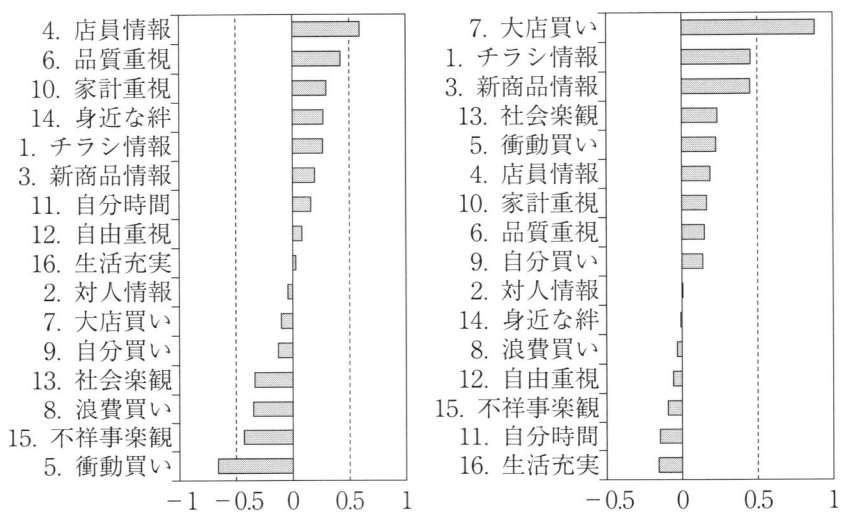

図表8-14　野幌地区の第1因子

左グラフ	右グラフ
4. 店員情報	7. 大店買い
6. 品質重視	1. チラシ情報
10. 家計重視	3. 新商品情報
14. 身近な絆	13. 社会楽観
1. チラシ情報	5. 衝動買い
3. 新商品情報	4. 店員情報
11. 自分時間	10. 家計重視
12. 自由重視	6. 品質重視
16. 生活充実	9. 自分買い
2. 対人情報	2. 対人情報
7. 大店買い	14. 身近な絆
9. 自分買い	8. 浪費買い
13. 社会楽観	12. 自由重視
8. 浪費買い	15. 不祥事楽観
15. 不祥事楽観	11. 自分時間
5. 衝動買い	16. 生活充実

第4因子は「8.浪費買い」,「5.衝動買い」が高く,次いで「13.社会楽観」,「7.大店買い」,「9.自分買い」が続く。買い物に対して,非常に積極的であることが理解される。マイナスで「10.家計重視」が高いことから散財傾向にあるといえる。

第5因子は「1.チラシ情報」,「14.身近な絆」が高い。しかし,目につくのはマイナスの項目である。「16.生活充実」,「10.家計重視」,「9.自分買い」,「9.社会楽観」がマイナスで高く,現状の生活が充実していない,チラシはよく見ているが,あまり家計も気にせず,社会に不安な様子がうかがえる。

＜高齢者消費者意識の整理＞

その特徴をよく表す第1因子を確認すれば,3地区のすべてで価格よりも良品を選択する傾向が確認される。ただし,江別地区と野幌地区,大麻地区とは若干の相違が確認される。野幌地区,大麻地区では品質重視でありながら,それと同時に家計重視の傾向を併せ持つ。野幌地区,大麻地区では家計も気にしながら良品を購入しようとする様子が確認される。

江別地区は近隣にスーパーが少なく,多くの住民は数km先にある元江別

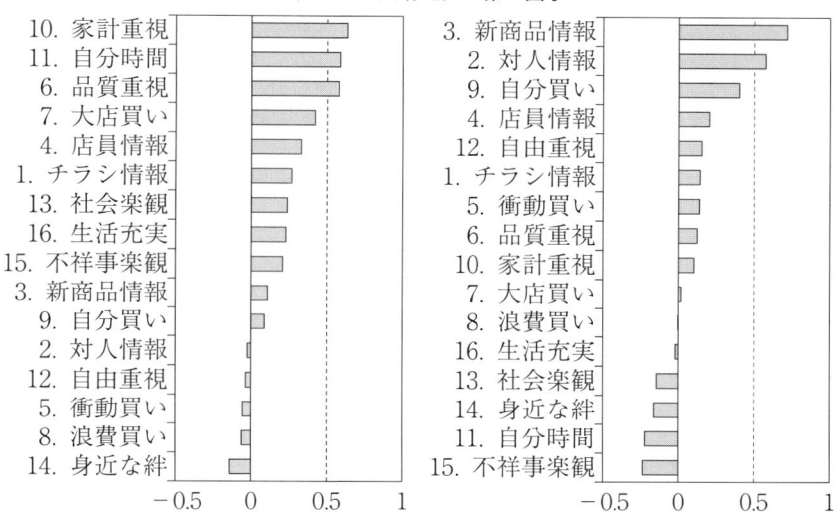

図表8-15　大麻地区の第1因子

左側	右側
10. 家計重視	3. 新商品情報
11. 自分時間	2. 対人情報
6. 品質重視	9. 自分買い
7. 大店買い	4. 店員情報
4. 店員情報	12. 自由重視
1. チラシ情報	1. チラシ情報
13. 社会楽観	5. 衝動買い
16. 生活充実	6. 品質重視
15. 不祥事楽観	10. 家計重視
3. 新商品情報	7. 大店買い
9. 自分買い	8. 浪費買い
2. 対人情報	16. 生活充実
12. 自由重視	13. 社会楽観
5. 衝動買い	14. 身近な絆
8. 浪費買い	11. 自分時間
14. 身近な絆	15. 不祥事楽観

商圏で買い物していることが確認されている。徒歩圏で買い物している住民はわずかであり，他の地区と比較して買い物に不便な地区である。それに対して，野幌地区，大麻地区は徒歩圏に大型スーパーが数店舗ずつ持つ。

江別地区では第1因子，第2因子に上位に「大店買い」があるが，良品を購入しようとすれば元江別商圏まで買い物に行かなければいけないためであろう。それに対して，いくつかの大型スーパーが近くにあり，買い物に容易な野幌地区，大麻地区では，まとめ買いの必要もないし，いくつかの店から購入したい商品を選択することが可能である。それが第1因子で良品を選択するだけではなく，家計を考えた堅実な買い物をしているという結果に表れているのだろう。対して，江別地区では第2因子を「散財傾向」としたが，こうした立地条件が影響しているものと思われる。

❺ 高齢者の購買行動に関する一考察

高齢者の共通の傾向としては，価格よりも良品を選択する傾向が強いこと，他者を気にするよりも自分の価値観を重視する傾向があった。ところが個別

にみていくと，買い物に便利な地区と不便な地区では購買態度に若干の違いが確認された。

　江別地区では衝動買い，浪費買いが多い傾向にあった。これは買い物に便利な地区である野幌地区および大麻地区と比べ，気軽に買い物できないことからまとめ買いし，結果として多めにそして不要になるかもしれないものまで購入してしまうためと考える。

　また第1因子，第2因子から野幌地区，大麻地区では情報指向が高く，家計重視の項目の値が江別地区よりも大きな値を示していた。特に野幌地区，大麻地区の消費者の方が「情報指向」要因の質問項目が因子に与える影響が大きい。近隣に選択可能な店舗が多くあるため，その中から商品ごとに店を選択する様子が浮かび上がる。すなわち，この調査結果から買い物に便利な地区の高齢者は，よく情報を収集し，良品を選択しながらも合理的な買い物をしようとする購買行動を見ることができる。

　もちろん，こうした結果は江別市特有の理由である可能性もある。今後は他都市の調査も踏まえながら，精査していく必要があるだろう。

［謝辞］

　本調査は平成23年度江別市大学連携調査研究事業に採択され，市の助成を受けて実施した調査である。調査にあたって，江別市企画部および経済部には調査対象町の選定でご協力いただいた。

　ここに記して，江別市市長および関係各位に深くお礼申し上げる。

主な参考文献

遠藤雄一（2011a）「江別市の人口動態と商業施設調査」『商店街研究』，日本商店街学会，第23号，15-26頁。

遠藤雄一（2011b）「江別市民の生活意識に関する調査」『マーケティング・フロンティア・ジャーナル』，北方マーケティング研究会，第2号，39-48頁。

遠藤雄一・合田貴絵・小幡くるみ（2012）「江別市民の生活意識調査―高齢者意識の地区間比較分析を行うための事前的考察―」『北海道情報大学紀要』，第23巻第2号，北海道情報大学，51-68頁。

遠藤雄一（2012）『江別市民の生活意識及び購買調査』，江別市役所。
大野晃（2008）『限界集落と地域再生』，高知新聞社。
黒田重雄（1982）『消費者行動と商業環境』，北海道大学図書刊行会。
杉田聡（2008）『買物難民　もうひとつの高齢問題』，大月書店。
日本経済新聞社編（1975）『消費者は変わった"買わない時代"の販売戦略』，日本経済新聞社。
Blackwell, R. D., P. W. Miniard and J. F. Engel (2001), *Consumer Behavior*, 9th ed., South Western, p.79.

第 9 章

韓・中国小売店の顧客満足とサービス品質
―Eマートの事例―

学習の要点

- 顧客満足とサービス品質がどのようなものであるかについて把握するために，顧客満足とサービス品質の概念や先行研究，諸理論などについて学習する。
- 小売店のサービス品質測定を考える上での基本となるモデルとして，RSQSモデルの内容について学習する。
- グローバル企業が海外市場への進出を検討する際に考慮すべき事項の一つとして，標準化−適応化戦略について学習する。

キーワード

標準化−適応化戦略，顧客満足，サービス品質，ロイヤルティ，RSQSモデル

❶ 東アジアと韓国

　東アジアの地域が，世界経済の成長軸の一つとして世界的に知られたのは1980年代後半のことである。そのころから1990年代半ばまで，韓国，台湾，香港，シンガポールのアジアNIES（Newly Industrializing Economies：新興工業経済地域）は8～10％の高度成長を遂げ，それを追うASEAN（Association of South-East Asian Nations：東南アジア諸国連合）のうちタイ，マレーシア，インドネシア，フィリピンの4カ国は6～8％の高い経済成長を遂げた（山澤，2001）。

　こうした背景をベースに，とりわけグローバルリテイラーは，主として自国の出店規制の強化，経済成長の鈍化，小売市場の成熟化などのプッシュ要因と韓国市場の魅力である出店規制の緩和，高い経済成長，所得増大，小売市場の成長力などのプル要因と関連して韓国へ参入したのである。すなわち，グローバルリテイラーは，韓国市場を世界で最も経済成長力の高い地域の一つであると見なしており，また韓国は日本と類似性が高く，日本に参入する前にアジアを知るための適切な地域であると考えていた。したがって，グローバルリテイラーは他のアジア諸国よりいち早く次々と韓国に参入したのである。

　具体的には，韓国におけるグローバルリテイラーの本格的参入は，流通市場の完全開放年である1996年からであり，それを契機に韓国の小売市場がグローバル化した。すなわち，フランスのカルフールが1996年に，アメリカのウォルマートが1998年に，イギリスのテスコが1999年にと，グローバルリテイラーの売上高上位3社がこぞって韓国に次々と参入したのである。

　その後，韓国消費者のニーズに合致し成長し続けているリテイラーもあるが，一方すでに撤退に追い込まれたリテイラーもある。こうしたグローバルリテイラーの韓国参入は，欧米系売上高上位3社が揃ったアジアで最初の国であるだけに，学会や実務家においても大きな関心となった。こうしたことから，これまでの韓国においてのグローバルリテイラーの研究は，主として韓国への参入背景，参入形態，参入影響，参入プロセス，参入後の戦略，

財務戦略と営業戦略，などの比較分析が多かった。

　本章では，上記の韓国に参入するグローバルリテイラーに関する研究ではなく，これまでに十分に取り組まれてきたとはいえない分野である韓国総合量販店Eマートが海外（とくに中国）に進出する際の標準化‐適応化戦略の二つの議論に焦点を当てたい。その分析方法としては，サービス品質という尺度を用いて両国の顧客満足とロイヤルティとの関係を比較分析する。

　具体的な事例研究においては，韓国現地のEマートと中国に進出したEマート両者を調査対象とし，RSQS（Retail Service Quality Scale）モデルに立脚した分析枠組みを用いて実証研究を行う。主として，Eマートを韓国都市店舗と中国都市店舗に分けてサービス品質および顧客満足とロイヤルティとの関係性を検討することで，標準化‐適応化問題に新たな主張を加えたい。

❷ 先行研究

（1）標準化―適応化戦略

　グローバルリテイラーが海外に進出する際に必ず直面する問題は，標準化‐適応化戦略である。近年グローバルリテイラーが海外に進出することによって，それに関する標準化‐適応化をめぐる研究が数少ないながらも見られるようになった。その中で我々の注目を引く研究の一つは，サーモンとトージマン（Salmon and Tordjman, 1989）の研究である。この研究は，国際的な小売企業の戦略において，小売業態との関係で一般的に標準的な戦略に重点を置くのが専門店業態であり，適応化戦略に重点を置くのが総合業態（百貨店やハイパーマーケットなど）と指摘している。

　一方，日本において向山（1996）は，専門店のような品揃えを絞り込んだ「ワンコンセプト・限定品揃え型グローバル企業（良品計画）」と百貨店やGMSのような品揃えの幅が広い「多製品型グローバル企業（ヤオハン）」とに分けて標準化‐適応化問題を論じた。この研究が興味深いことは標準化‐適応化の二者択一の問題ではなく，各国共通の標準化した「中心品揃え」と

各国市場特性に適応化した「周辺品揃え」という2種類の品揃えの統合をしようとする点であり，この統合は最終的には所得上昇効果によって同質化に近づくとする点である。この議論は1930年にイギリスでFord（1935）が発見した「フォード効果」仮説と類似するものであり，分析手法は異なるとはいえ，最終的に各国が同一方向に向かうという点で一致している。

矢作（2007）は，数多くの事例研究を通して現地戦略パターンの四つの代替案を導き出し，小売事業モデルを通して現地化のメカニズムを分析した。その現地化段階における小売事業モデルの標準化-適応化問題の4類型は「完全なる標準化」志向，「標準化の中の部分適応」志向，「創造的な連続適応」志向，「新規業態開発」志向である。

金（2009）は，グローバル企業の事例研究として韓国に参入したグローバルリテイラーの売上高上位3社であるウォルマート，カルフール，テスコを取り上げ，標準化-適応化戦略に関連付けて成功と失敗要因を述べている。すなわち，テスコの主な成功要因は適応化戦略志向を追求してきたことによるものであり，それは韓国特有の消費嗜好を反映したものである。また，カルフールとウォルマートの主な失敗理由は，グローバル・スタンダードの原則である標準化に固執したあまり，韓国の消費者嗜好や習慣に背くことになったと指摘している。

また，レビット（Levitt，1983）は世界がグローバル化によって共通市場になりつつ，人々は同じ製品や同じライフスタイルを求めているとして，世界市場の均質化という標準化を強調した。レビットは世界市場を単一市場と捉え，それは世界規模のオペレーションを標準化しようとする意識が強く，また世界の市場や競争関係，および経営管理などを単一で捉えようとする志向を持っている。確かに，有名なブランド品に対する消費者のニーズ・ウォンツや有名な俳優に対する憧れ，インターネットの普及，温暖化に対する共通認識などはレビットの指摘どおりである。しかし，それぞれの国には固有の消費者の嗜好や慣習などが存在する。換言すれば，歴史，制度，文化，慣習，言語が異なるにもかかわらず，単純にグローバルに標準化された製品，ライフスタイル，マーケティング戦略などが同じ方向に進むという見解には疑問が生じる。

（2）顧客満足

　顧客満足に関する多くの研究は，期待-成果不一致モデルと呼ばれる概念フレームワークを理論的な支柱としている（Oliver, 1980）。この基本概念は，製品やサービスに対する顧客の購入前の期待が，購買後の知覚される評価（客観的評価）との相対によって，顧客満足の水準が決まるという理論仮説である。

　こうした顧客満足の研究は，大きく「取引特定的満足（transaction specific satisfaction）」と「累積的満足（cumulative satisfaction）」という二つの構成概念に分けられる（小野，2010）。前者は，短期的に行う利用後の評価を研究対象としているが，後者は，過去のある一定期間での経験をベースにした総合的評価を研究対象としている。本研究は，前者である取引特定的満足のアプローチに収集されたデータを用いた仮説モデルを提示する。

　そして，企業の戦略的な視点で考えると，フォーネル（Fornell, 1992）は，企業の顧客満足とマーケット・シェアとの間には，相反する関係が存在するという。また，アンダーソンら（Anderson et al. 1997）は，顧客満足と生産性の間にも，トレード・オフという関係があると指摘している。一般的に，1）顧客満足とマーケット・シェア，2）顧客満足と生産性は，それぞれトレード・オフの関係にあると前提としたとき，顧客満足水準を高めようとすればするほど，マーケット・シェアと生産性が低減することになる。すなわち，市場シェアを高めようとすると，市場が広がった分だけ顧客の異質性が拡大するため，より多様な顧客が製品やサービスの対象となる。また，企業が個々の顧客に高い満足をさせようとすれば，一般的に，それに伴ってコストは上昇し，生産性が低下することになる。したがって，顧客満足向上と市場の拡大・生産性向上とは必ずしも正の相関ではないことになる。

　それとは別に，企業戦略的な視点での顧客満足の向上は，むしろ他者へのスイッチング・バリア（Switching Barrier）を構築することができるなど，防御的な効果が期待できるという見解もある。

　一方，ヘスケットら（Heskett et al. 2008）は，顧客満足の向上が顧客のサー

ビス再利用意図を高めることを主張した。また，ライケルドとサッサー (Reichheld and Sasser, 1990) は，特定のサービス産業において，顧客離反率を5％減少させることで潜在的な収益性がどの程度上昇するかを示した。この実証分析では，顧客の離反率を5％改善できれば，収益が銀行業は85％，クレジットカード業は75％，保険業は50％などのように向上するとの結果が示された。

いずれにせよ，上記で示したように，顧客満足の向上は直接的・間接的に経営成果を生み出しているといえよう。

(3) サービス品質

サービスは，いくつかの特性によって物財と区分されている。その特性は無形性，不可分性，多様性，消滅性，という四つに集約されており，有形財の品質と比べてサービス品質を測定や評価するのは非常に困難である。

しかし，パラスラマンら (Parasuraman et al., 1985；1988) によってサービス品質の尺度が開発されて，今日最も広く使われている。これがサーブクォール (SERVQUAL) であり，前述の期待-成果不一致のモデルをもとに，開発されたものである。その後，この尺度は5次元（有形性，信頼性，反応性，確実性，共感性）の22項目に調整され，それらを使って顧客の知覚品質を測定するように設計されている。彼らは，サービス品質を顧客のサービスに対する期待と知覚のギャップとして概念化したのである。この尺度の開発以来，全世界でサービス品質を測定する最も代表的ツールとしてサーブクォールは活用されているが，多くの研究者から問題点が指摘されている。

例えば，カーマン (Carman, 1990) は，業種によってサービスの知覚が異なると指摘している。

また，クローニンとテイラー (Cronin and Taylor, 1994) は，知覚成果のみでサービスの品質を捉えるサーブパフ (SERVPERF) というモデルを提案した。これが後述する本章での一つのサービス尺度となる。

フィンとラム (Finn and Lamb, 1991) は，サーブクォールを小売業に適応した結果，サービス品質に不適切であることを指摘した。

スプレングとシン（Spreng and Singh, 1993）は，22アイテムを使用して確認要因分析を実施したが，五つの要因から適合度が低いという結果が出たと報告している。

　そこで，ダーボルカーら（Dabholkar et al. 1996）は，小売店のサービス品質測定ツールとして，RSQS（Retail Service Quality Scale）を開発した。ダーボルカーらが提示したRSQSは，百貨店や専門店などのようなサービスと商品をミックスして提供する小売業・ビジネスモデルの研究には適合することを明らかにした。

　既存のサーブクォールの測定モデルは，先述したように小売業分野には適応不可能であるとの指摘があるため，本研究では，RSQSのツールを用いてEマートに対する顧客満足とサービス品質，ロイヤルティとの関係について実証研究を行うことにする。

　過去の研究は，1）各国の比較研究，2）サービス品質に関する顧客満足，この二つを対象に研究したものは非常に多いが，本研究のようにその二つを組み合わせた研究はあまり行われていない。特に，標準化-適応化戦略を用いて，各国によるサービス品質および顧客満足とロイヤルティとの違いを解明した研究はこれまで十分に取り組まれてきたとはいえない。

❸ モデルの構築と仮説の設定

　小売店のサービス品質尺度は，物理的状況，信頼性，相互作用，問題解決，政策，という五つに分類できる（Dabholkar et al. 1996）。

　物理的状況（Physical Aspects）は，施設の外観や店舗施設の便利性を意味しており，店内の施設，什物の便利性，店舗レイアウトなどをさす。

　信頼性（Reliability）は，顧客と約束されたサービスを正確に遂行する能力を意味しており，約束，正確性などに対応する。

　人的相互作用（Personal Interaction）は，小売店の売場従業員の態度や親切さを意味しており，サービス提供者の知識，親切，礼儀，安全性などに該当する。

　問題解決（Problem Solving）は，顧客の諸問題を心から解決しようとす

る関心の深さを意味しており，返品・払い戻し，迅速な対応などのことである。

政策（Policy）は，消費者のサービス品質に直接影響を及ぼす小売店の基本的な戦略を意味しており，MD政策，駐車施設，営業時間などをさす。

以上を参考に，本章では小売業のサービス品質を以下のように示す。

①物理的状況：可視性，視覚性，顧客動線，レイアウト
②信頼性：PB商品の安心・安全，信頼感
③人的相互作用：従業員の知識，親切
④問題解決：関心，返品・払い戻し，迅速な対応
⑤政策：駐車施設，多様な補償制度，ポイントカード，営業時間，多様な生活便宜施設，EDLP，面白いイベント，試食コーナー，Eマート価値

山本（1999）は，ある程度安定した期待値が想定できるなら，サーブパフのような事後評価と顧客満足の測定，苦情行動の分析などで顧客維持が図れるし，品質管理のためにはより詳細な知覚品質の測定を行うことでサービス品質を測定した方が，マネジメントへのフィードバックも容易であると指摘している。以上のことから，本章では分析手法としてRSQSモデルにサーブパフを用いて使用することにする。

次に，本章での仮説設定であるが，まずサービス品質と顧客満足との関係を検討する。顧客満足は，顧客の買い物後の店舗に対する知覚の一つとして捉えられる。サービス品質と顧客満足の研究において，主な課題は顧客満足がサービス品質の先行要因であるのか，あるいは知覚品質の結果であるのかである。テイラーとクローニン（Taylor and Cronin, 1994）は，サービスの品質と顧客満足との実証研究で相互の因果関係が有意な結果となっていると指摘している。以上の議論から以下の仮説を導くことができる。

上位仮説　H1：サービス品質が高まれば，顧客満足は高まる。

下位仮説

H1-1：遠いところから建物外観が見えるのであれば，顧客満足は高まる。
H1-2：各種壁面のデザインや商品表示が視覚的に目立つのであれば，顧客満足は高まる。
H1-3：顧客動線がはっきりすれば，顧客満足は高まる。
H1-4：商品陣列がよければ，顧客満足は高まる。
H1-5：PB商品が安心・安全であれば，顧客満足は高まる。
H1-6：顧客に信頼感を与えれば，顧客満足は高まる。
H1-7：従業員が顧客の質問に答えられる十分な知識を持っていれば，顧客満足は高まる。
H1-8：従業員が顧客に親切であれば，顧客満足は高まる。
H1-9：従業員が顧客の不満に関心を示せば，顧客満足は高まる。
H1-10：返品・払い戻しに応じれば，顧客満足は高まる。
H1-11：従業員が顧客の要求に迅速に対応すれば，顧客満足は高まる。
H1-12：多様な補償制度があれば，顧客満足は高まる。
H1-13：駐車施設が完備されれば，顧客満足は高まる。
H1-14：ポイントカードがあれば，顧客満足は高まる。
H1-15：営業時間が長ければ，顧客満足は高まる。
H1-16：多様な生活便宜施設を提供すれば，顧客満足は高まる。
H1-17：商品が他社より安ければ，顧客満足は高まる。
H1-18：面白いイベントがあれば，顧客満足は高まる。
H1-19：試食コーナーが多ければ，顧客満足は高まる。
H1-20：生活に価値を与える文化センター多ければ，顧客満足は高まる。

　サービスの現場では，顧客にサービス品質を経験させることで満足を高めてリピーターを目指している。ヘスケットら（Heskett et al. 2008）は，サービス企業の新しい目標として，顧客の満足が顧客のサービス再利用意図を高めると指摘している。以上の議論から以下の仮説を導くことができる。

H2：顧客満足が高まれば，ロイヤルティは高まる。

サービス品質とロイヤルティとの関係について，ヘッドリーとミラー（Headley and Miller, 1993）は，知覚品質が顧客の忠誠度や家族，友人への推奨意図などに影響を及ぼすと論じている。また，クローニンとテイラー（Cronin and Taylor, 1992）は，サービス品質とロイヤルティとの関係は正の相関関係にあると指摘している。以上の議論から以下の仮説を導くことができる。

　　上位仮説　H3：サービス品質が高まれば，ロイヤルティは高まる。

下位仮説
H3-1：遠いところから建物外観が見えるのであれば，ロイヤルティは高まる。
H3-2：各種壁面のデザインや商品表示が視覚的に目立つのであれば，ロイヤルティは高まる。
H3-3：顧客動線がはっきりすれば，ロイヤルティは高まる。
H3-4：商品陣列がよければ，ロイヤルティは高まる。
H3-5：PB商品が安心・安全であれば，ロイヤルティは高まる。
H3-6：顧客に信頼感を与えれば，ロイヤルティは高まる。
H3-7：従業員が顧客の質問に答えられる十分な知識を持っていれば，ロイヤルティは高まる。
H3-8：従業員が顧客に親切であれば，ロイヤルティは高まる。
H3-9：従業員が顧客の不満に関心を示せば，ロイヤルティは高まる。
H3-10：返品・払い戻しに応じれば，ロイヤルティは高まる。
H3-11：従業員が顧客の要求に迅速に対応すれば，ロイヤルティは高まる。
H3-12：多様な補償制度があれば，ロイヤルティは高まる。
H3-13：駐車施設が完備されれば，ロイヤルティは高まる。
H3-14：ポイントカードがあれば，ロイヤルティは高まる。
H3-15：営業時間が長ければ，ロイヤルティは高まる。
H3-16：多様な生活便宜施設を提供すれば，ロイヤルティは高まる。
H3-17：商品が他社より安ければ，ロイヤルティは高まる。

第9章　韓・中国小売店の顧客満足とサービス品質 | 203

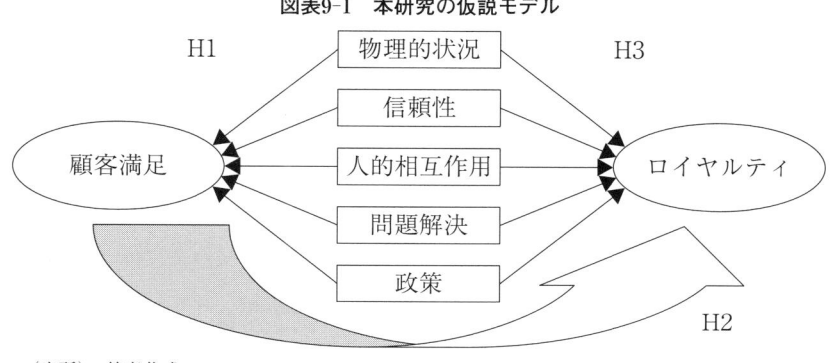

図表9-1　本研究の仮説モデル

```
         H1      物理的状況      H3
                  信頼性
    顧客満足 ──→ 人的相互作用 ──→ ロイヤルティ
                 問題解決
                  政策
                              H2
```

（出所）筆者作成。

H3-18：面白いイベントがあれば，ロイヤルティは高まる。
H3-19：試食コーナーが多ければ，ロイヤルティは高まる。
H3-20：生活に価値を与える文化センター多ければ，ロイヤルティは高まる。

以上の議論をまとめてモデル化すると，図表9-1のとおりである。

❹ 実証研究

（1）概念の操作化

ダーボルカーに倣い，小売業のサービス品質尺度を物理的状況，信頼性，人的相互作用，問題解決，政策，という五つのタイプに分類した。これらのタイプについて，可視性，視覚性，顧客動線，レイアウト，PB商品の安心・安全，信頼感，従業員の知識，親切，関心，返品・払い戻し，迅速な対応，駐車施設，多様な補償制度，ポイントカード，営業時間，多様な生活便宜施設，EDLP，面白いイベント，試食コーナー，Eマート価値，という20項目の質問事項を設けて質問した。また，顧客満足とロイヤルティ（継続的購買）を質問事項として設けた。以上の質問で使用された測定尺度は，7

段階のリッカート型尺度である。

(2) アンケート調査の設計とデータの収集

1) 韓国のEマート

本調査の韓国においては，ソウル店舗と京畿道店舗6店を対象に2008年1月22日から2月2日までにアンケート調査を実施した[1]。

本研究に使用したサンプルの属性として，アンケート総数は604部が使用されたが，その中で欠損値があったケースを取り除き，有効回答数は523部の約87％の質問票が分析された。アンケートの総523部の中から，都市地域の4店舗（345部）と郊外地域の2店舗（178部）に分類されるが，本章では都市地域の4店舗の中で最近出店した2店舗（179部）に焦点を当て[2]中国との比較研究を行うことにする。

韓国の都市店舗を人口統計的にみると，性別の頻度分布割合は，男性と女性がそれぞれ20％と80％で女性が高い割合である。年齢をみると20代：7％，30代：41％，40代：1％，50代以上：50％であり，50代以上が最も多かった。最終学歴別は中卒：1％，高卒：34％，大卒：56％，大学院以上：9％であり，大卒が最も多かった。所得水準（月収）では200万ウォン（2010年11月2日現在，1(W)：00.7（円）であるため，約14万円）未満：14％，200～399万ウォン：46％，400～599万ウォン：27％，600万ウォン以上：13％であり，200～399万ウォンが最も多かったといえる。結婚の有無は，未婚と既婚がそれぞれ8％と92％で，既婚が相対的に高い割合である。職種の違いは学生：5％，専業主婦：59％，会社員：16％，公務員：6％，専門職：6％，自営業：10％であり，専業主婦が過半数以上である。訪問回数をみると2回/週以上：34％，1回/週が46％，1回/半月：19％，1回/月以下：1％であり，2回/週以上が最も多かった。

2) 中国のEマート

本調査の中国において，中国地域間の所得水準や消費嗜好の相違点を配慮して上海市の店舗を限定した。店舗選定基準は，物理的な施設の格差を排除するために2000年以降にオープンした6000㎡以上の店舗6つを対象に

2008年1月21日から2月2日までにアンケート調査を実施した。設問は，韓・中国間の比較主題に合わせて調査の一貫性を維持するため，韓国割引店の消費者を対象に実施した同一の設問紙を使用した。

本研究に使用したサンプルの属性として，アンケート総数は510部が使用されたが，その中で欠損値があったケースを取り除き，有効回答数は約68％の303部の質問票が分析された。アンケートの総303部は，上海市の都市地域の2店舗（140部）と郊外地域の4店舗（163部）に分類される。本章では，都市地域の2店舗を分析対象とする[3]。

中国の都市店舗を人口統計的にみると，性別の頻度分布割合は，男性と女性がそれぞれ34％と66％で女性が高い割合である。年齢をみると20代：30％，30代：30％，40代：21％，50代以上：19％で，20代と30代が最も多く利用している。

最終学歴別は中卒：14％，高卒：55％，大卒：27％，大学院以上：4％であり，高卒が最も多かった。所得水準（月収）では2000元（2010年11月2日現在，100元：1206円であるため，約24120円）未満：21％，2000〜3999元：46％，4000〜5999元：22％，6000元以上：10％であり，最も多かったのが2000〜3999元である。結婚の有無は，未婚と既婚がそれぞれ24％と76％で，既婚が相対的に高い割合である。職種の違いは学生：7％，専業主婦：19％，会社員：48％，公務員：9％，専門職：7％，自営業：11％である。訪問回数をみると2回/週以上：0％，1回/週が44％，1回/半月：39％，1回/月以下：17％で，1回/週が最も多かった。

3）韓・中国Eマートの来店客属性の比較

韓国の都市店舗と中国の都市店舗を比較検討すると，まず性別では，韓国の場合には女性客が80％で，男性客が20％であるが，中国の場合には女性客が66％で，男性客が34％である。これは，韓国の男性と比較して中国の多くの男性が家事に関わっていることが窺える。

年齢をみると，韓国の場合には50代以上が50％と最も多く，30代が41％，20代が7％，40代が1％という順になっているが，中国の場合には20代と30代がともに30％と最も多く，40代が21％，50代以上が19％という順に

なっている。すなわち，韓国の場合は年配が多く来店しているが，中国の場合は若者の方が多く来店していることから，中国の若者は買い物やグローバルリテイラーに高い関心を示していることが読み取れる。

最終学歴別をみると，韓国の場合には大卒が56％と最も多く，次に高卒が34％であるが，中国の場合には高卒が55％と最も多く，次に大卒が27％という順になっている。また，所得水準をみると，韓国の場合には200～399万ウォンが46％と最も多く，400～599万ウォンが27％，200万ウォン未満が14％，600万ウォン以上が13％という順であるが，中国の場合も200～399万ウォンが46％と最も多く，400～599万ウォンが22％，200万ウォン未満が21％，600万ウォン以上が10％という順になっている。すなわち，Eマートに来店している客は，中国と比較して韓国の方が高学歴ではあるが，両国とも中間所得層が多い。このことは，韓国の高学歴社会を反映しているように思われる。

結婚有無をみると，韓国の場合には既婚が92％で，未婚が8％であるが，中国の場合には既婚が76％で，未婚が24％である。また，職種の違いをみると，韓国の場合には専業主婦が59％，会社員が16％という順であるが，中国の場合には会社員が48％，専業主婦が19％という順である。韓国と違い，中国の場合は来店客が専業主婦より，会社員が多いということから，夫婦共働きが韓国より多いということが窺える。

最後に訪問回数をみると，韓国の場合には1回/週が46％と最も多く，2回以上/週が34％という順であるが，中国の場合には1回/週が44％と最も多く，2回以上/週が0％である。これは，中国と比較して韓国の客が頻繁に来店していることから，韓国の消費者の方が高鮮度を求めているように思われる。

以上の韓国の店舗と中国の店舗に来店する客の個人属性を比較すると図表9-2のとおりである。なお，明らかに相違点があらわれたのは，文字の網かけになっている部分である。

(3) 仮説の検証

本章の調査票は，フェイスシートの7項目と質問欄の22項目に構成され

図表9-2　韓・中国小売店における個人属性に関する基本統計の比較度数（％）

属性	区分	韓国の都市店舗 N＝179	中国の都市店舗 N＝140
性別	女性	144（80％）	92（66％）
	男性	35（20％）	48（34％）
年齢	20代以下	13（7％）	42（30％）
	30代	74（41％）	42（30％）
	40代	2（1％）	30（21％）
	50代以上	90（50％）	26（19％）
最終学歴	中卒	1（1％）	20（14％）
	高卒	61（34％）	77（55％）
	大卒	101（56％）	38（27％）
	大学院以上	16（9％）	5（4％）
所得水準	200万ウォン未満	25（14％）	30（21％）
	200〜399万ウォン	82（46％）	65（46％）
	400〜599万ウォン	49（27％）	31（22％）
	600万ウォン以上	23（13％）	14（10％）
結婚有無	未婚	14（8％）	34（24％）
	既婚	165（92％）	106（76％）
職種	学生	8（5％）	10（7％）
	専業主婦	105（59％）	26（19％）
	会社員	28（16％）	67（48％）
	公務員	10（6％）	11（9％）
	専門職	10（6％）	10（7％）
	自営業	18（10％）	16（11％）
訪問回数	1週間に2回以上	60（34％）	0（0％）
	1週間に1回	83（46％）	61（44％）
	半月に1回	34（19％）	55（39％）
	1ヵ月に1回以下	2（1％）	24（17％）

（注）文字の網かけになっている部分は，韓国の都市店舗と中国の都市店舗との違いが大きい数値を表している。
（出所）筆者作成。

ている。本章では，顧客満足とロイヤルティ（被説明変数）に対して，サービス品質の20項目（説明変数）との関係についてノンパラメトリック相関分析（Kendallのタウb）を用いて明らかにした。なお，分析はSPSS12.0を使用した。また相関の有意水準は，一般的に$p<0.01$，$p<0.05$，$p<0.10$がある。本研究は，経営課題の解決に貢献できる質の高いサービスと顧客満足との相関関係を明らかにするのが主な目的であるため，一番高い有意水準である$p<0.01$だけを支持することにする。以下では，韓国の都市店舗と中国の都市店舗との相関関係の結果を比較検討する。

1）韓国の都市店舗

韓国都市店舗のサービス品質の20項目に対して顧客満足とロイヤルティとの関係についての相関分析の結果は，図表9-3のとおりである。

図表9-3からもわかるように，韓国都市店舗のサービス品質の20項目に対して顧客満足とロイヤルティ（継続的購買）との関係は，すべてが有意であった。以上の結果をまとめると，図表9-4のとおりである。

さらに，韓国の都市店舗において顧客満足とロイヤルティに対して複合的なサービス品質の影響を明らかにするために，顧客満足とロイヤルティを従属変数，サービス品質の20項目を独立変数として，それぞれの従属変数に対して線形重回帰分析（ステップワイズ法）を行った。

図表9-3　韓国都市店舗の顧客満足およびロイヤルティやサービス品質の相関関係

		顧客満足	継続的購買
顧客満足		1	.644 (**)
物理的状況	可視性	.468 (**)	.389 (**)
	視覚性	.506 (**)	.444 (**)
	顧客動線	.308 (**)	.289 (**)
	レイアウト	.455 (**)	.317 (**)
信頼性	PB商品の安心・安全	.512 (**)	.382 (**)
	信頼感	.516 (**)	.413 (**)
人的相互作用	従業員の知識	.480 (**)	.402 (**)
	親切	.473 (**)	.376 (**)
問題解決	関心	.494 (**)	.339 (**)
	返品・払い戻し	.476 (**)	.431 (**)
	迅速な対応	.507 (**)	.428 (**)
政策	駐車施設	.437 (**)	.420 (**)
	多様な補償制度	.464 (**)	.443 (**)
	ポイントカード	.535 (**)	.447 (**)
	営業時間	.490 (**)	.475 (**)
	多様な生活施設	.617 (**)	.559 (**)
	EDLP	.563 (**)	.490 (**)
	面白いイベント	.501 (**)	.469 (**)
	試食コーナー	.457 (**)	.371 (**)
	Eマート価値	.687 (**)	.504 (**)

（注）** ＝ p＜0.01，* ＝ p＜0.05。Kendallの相関係数。N＝179。
（出所）筆者作成。

図表9-4　韓国都市店舗における諸仮説の検証結果

検証結果	仮　　説
支持された結果	H1およびH2やH3のすべて
棄却された結果	無

図表9-5　韓国都市店舗の顧客満足に対するサービス品質の重回帰分析

従属変数	独立変数	標準偏回帰係数	r^2	F	p
顧客満足			0.729	116.938**	0.000
	Eマート価値	0.454			
	多様な補償制度	0.340			
	レイアウト	0.142			
	試食コーナー	0.116			

（注）** = $p<0.01$, * = $p<0.05$，重回帰分析（ステップワイズ法）N = 179。

図表9-6　韓国都市店舗のロイヤルティ変数に対するサービス品質の重回帰分析

従属変数	独立変数	標準偏回帰係数	r^2	F	p
ロイヤルティ			0.511	60.911**	0.000
	多様な補償制度	0.377			
	Eマート価値	0.319			
	顧客動線	0.175			

（注）** = $p<0.01$, * = $p<0.05$，重回帰分析（ステップワイズ法）N = 179。
（出所）筆者作成。

　まず，顧客満足に対するサービス品質との重回帰分析の結果，顧客満足は4項目の変量（Eマート価値，多様な補償制度，レイアウト，試食コーナー）で説明された（$r^2=0.73$, $p<0.01$，図表9-5参照）。
　ロイヤルティとサービス品質の変量との重回帰分析の結果，ロイヤルティは3項目の変量（多様な補償制度，Eマート価値，顧客動線）で説明された（$r^2=0.51$, $p<0.01$, 図表9-6参照）。

2）中国の都市店舗

　中国都市店舗のサービス品質の20項目に対して顧客満足とロイヤルティとの関係についての相関分析の結果は，図表9-7のとおりである。
　本研究では，** = $p<0.01$だけを有意のある関係であると見なしている。そこで，図表9-7をみると，まず中国都市店舗のサービス品質の20項目に対

図表9-7 中国都市店舗の顧客満足およびロイヤルティやサービス品質の相関関係

		顧客満足	継続的購買
顧客満足		1	554 (**)
物理的状況	可視性	.348 (**)	.358 (**)
	視覚性	.330 (**)	.405 (**)
	顧客動線	.378 (**)	.395 (**)
	レイアウト	.475 (**)	.492 (**)
信頼性	PB商品の安心・安全	.167 (*)	.327 (**)
	信頼感	.326 (**)	.378 (**)
人的相互作用	従業員の知識	.345 (**)	.442 (**)
	親切	.265 (**)	.380 (**)
問題解決	関心	.281 (**)	.337 (**)
	返品・払い戻し	.354 (**)	.351 (**)
	迅速な対応	.319 (**)	.387 (**)
政策	駐車施設	.301 (**)	.283 (**)
	多様な補償制度	.298 (**)	.303 (**)
	ポイントカード	.304 (**)	.189 (**)
	営業時間	.365 (**)	.461 (**)
	多様な生活施設	.413 (**)	.405 (**)
	EDLP	.334 (**)	.248 (**)
	面白いイベント	.187 (*)	.192 (**)
	試食コーナー	.203 (**)	.261 (**)
	Eマート価値	.405 (**)	.364 (**)

注) ** = p＜0.01, * = p＜0.05。Kendallの相関係数。N = 140。
(出所) 筆者作成。

して顧客満足との関係は，PB商品の安心・安全と面白いイベントを除くその他のサービス品質の18項目が有意であった。また，サービス品質に対してロイヤルティ（継続的購買）との関係は，すべてが有意であった。

以上の結果をまとめると，図表9-8のとおりである。

さらに，韓国都市店舗と同じく，顧客満足とロイヤルティに対して複合的なサービス品質の影響を明らかにするために，顧客満足とロイヤルティを従

図表9-8 中国都市店舗における諸仮説の検証結果

検証結果	仮説
支持された結果	H1-1, 1-2, 1-3, 1-4, 1-6, 1-7, 1-8, 1-9, 1-10, 1-11, 1-12, 1-13, 1-14, 1-15, 1-16, 1-17, 1-19, 1-20およびH2やH3のすべて
棄却された結果	H1-5, H1-18

図表9-9　中国都市店舗の顧客満足に対するサービス品質の重回帰分析

従属変数	独立変数	標準偏回帰係数	r^2	F	p
顧客満足			0.471	30.051**	0.000
	レイアウト	0.329			
	返品・払い戻し	0.252			
	EDLP	0.204			
	Eマート価値	0.179			

(注) ** = p＜0.01，* = p＜0.05，重回帰分析（ステップワイズ法）N＝140
(出所) 筆者作成。

図表9-10　中国都市店舗のロイヤルティ変数に対するサービス品質の重回帰分析

従属変数	独立変数	標準偏回帰係数	r^2	F	p
ロイヤルティ			0.474	40.798**	0.000
	レイアウト	0.431			
	営業時間	0.167			
	従業員の知識	0.111			

(注) ** = p＜0.01，* = p＜0.05，重回帰分析（ステップワイズ法）N＝140
(出所) 筆者作成。

属変数，サービス品質の20項目を独立変数として線形重回帰分析（ステップワイズ法）を行った。

まず，顧客満足に対するサービス品質との重回帰分析の結果，顧客満足は4項目の変量（レイアウト，返品・払い戻し，EDLP，Eマート価値）で説明された（$r^2=0.47$，p＜0.01，図表9-9参照）。

ロイヤルティとサービス品質の変量との重回帰分析の結果，ロイヤルティは3項目の変量（レイアウト，営業時間，従業員の知識）で説明された（$r^2=0.47$，p＜0.01，図表9-10参照）。

3) 韓・中国Eマートにおける都市店舗の比較

これまで述べてきたように，まず来店客属性と顧客満足・ロイヤルティに対するサービス品質についての韓国都市店舗と中国郊外店舗との相違点が明らかになった。繰り返すことになるが，年齢をみると，韓国の場合には50代以上が50％と最も多く，中国の場合には20代と30代がともに30 ％と最も多い。最終学歴別をみると，韓国の場合には大卒が56％と最も多く，中国の場合には高卒が55％と最も多い。職種をみると，韓国の場合には専業

主婦が59％最も多く，中国の場合には会社員が48％と最も多い。訪問回数をみると，大きな相違点として韓国の場合には2回以上/週が34％であるが，中国の場合にはそれが0％である。

とりわけ興味深いことは，韓国都市店舗の顧客満足とロイヤルティに対するサービス品質との相関関係は，すべてが有意であったが（** ＝ $p < 0.01$），中国都市店舗ではPB商品の安心・安全と面白いイベントは有意が見られなかった。

さらに，韓国都市店舗に来店する客には，Eマート価値，多様な補償制度，レイアウト，試食コーナー，を一緒に提供することで満足度が最大化になることが理解できた。

一方，中国都市店舗に来店する客には，レイアウト，返品・払い戻し，EDLP，Eマート価値，を一緒に提供することで満足度が最大化になるといえよう。

以上のことから，Eマートの韓国都市店舗と中国都市店舗に来店する消費者の顧客満足はそれぞれ異なり，またその結果から韓国のEマートは中国の消費者に対して標準化戦略だけではなく，適応化戦略をもあわせて展開すべきであることが確認できた。以上を図表にすると，図表9-11のとおりである。

図表9-11　Eマートの韓国都市店舗と中国都市店舗に来店する消費者の相違点

	韓国の都市店舗	中国の都市店舗
年齢	50代以上が最も多い	20代と30代が最も多い
最終学歴	大卒が56％と最も多い	高卒が55％と最も多い
職種	専業主婦が59％と最も多い	会社員が48％と最も多い
2回以上/週	34％	0％
H1：顧客満足に対する仮説の検証結果	すべて支持	棄却あり
H2：ロイヤルティに対する仮説の検証結果	支持	支持
顧客満足に対する重回帰分析	Eマート価値，レイアウト，多様な補償制度，試食コーナー	Eマート価値，レイアウト，返品・払い戻し，EDLP
ロイヤルティに対する重回帰分析	多様な補償制度，Eマート価値，顧客動線	レイアウト，営業時間，従業員の知識

（出所）筆者作成。

5 まとめ

　グローバルリテイラーが海外に進出する際に必ず直面する問題は，標準化-適応化戦略である。そこで，本研究では，韓国に参入するグローバルリテイラーに関する研究ではなく，韓国総合量販店Eマートが海外（とくに中国）に進出する際の標準化-適応化戦略の二つの議論に焦点を当てた。具体的には，韓国現地のEマートと中国に進出したEマート両者を調査対象とし，RSQSモデルに立脚した分析枠組みを用いて，両者のサービス品質および顧客満足とロイヤルティとの相違点を標準化-適応化戦略という視点から，比較分析することを目的とした。

　まず，韓国の都市店舗と中国の都市店舗との個人属性に関する基本統計をみると，性別では，韓国の男性と比べて中国の多くの男性が来店していた。年齢では，韓国の場合は年配が多く来店しているが，中国の場合は若者の方が多く来店していた。最終学歴別では，中国と比較して韓国の方が高学歴を有していた。職種の違いでは，韓国の場合には専業主婦が多かったが，中国の場合は会社員が最も多かった。訪問回数では，中国と比較して韓国の客が頻繁に来店していた。

　以上のことから，韓国Eマートに来店している客の属性は，中国のそれと比べて主に既婚の年配の専業主婦が多く，高学歴者であるが中間所得層であり，高い鮮度も求めているといえる。一方，中国Eマートに来店している客の属性は，韓国のそれと比べて若い男性の会社員も多く，中間所得層で週末に買い物をする夫婦共働きが多いといえよう。

　韓国都市店舗をみると，サービス品質の20項目に対して顧客満足とロイヤルティとの関係は，すべてが有意な結果となった。さらに，韓国都市店舗において顧客満足とロイヤルティに対して複合的なサービス品質の影響を明らかにするために，顧客満足とロイヤルティを従属変数，サービス品質の20項目を独立変数として線形重回帰分析（ステップワイズ法）を行った。重回帰分析の結果，顧客満足は，4項目の変量（Eマート価値，多様な補償制度，レイアウト，試食コーナー）で説明された（$r^2=0.73$, $p<0.01$）。

また，ロイヤルティとサービス品質の変量との重回帰分析の結果，ロイヤルティは3項目の変量（多様な補償制度，Eマート価値，顧客動線）で説明された（$r^2=0.51$, $p<0.01$）。

一方，中国都市店舗をみると，韓国都市店舗と同じくサービス品質の20項目に対して顧客満足との仮説は，PB商品の安心・安全と面白いイベントが棄却されたが，それ以外はすべてが有意な結果となった。しかし，ロイヤルティとの仮説においては，すべてが有意な結果となった。さらに，韓国都市店舗と同じく，顧客満足とロイヤルティに対して複合的なサービス品質の影響を明らかにするために，顧客満足とロイヤルティを従属変数，サービス品質の20項目を独立変数として線形重回帰分析を行った。顧客満足に対するサービス品質との重回帰分析の結果，顧客満足は4項目の変量（レイアウト，返品・払い戻し，EDLP，Eマート価値）で説明された（$r^2=0.47$, $p<0.01$）。また，ロイヤルティとサービス品質の変量との重回帰分析の結果，ロイヤルティは3項目の変量（レイアウト，営業時間，従業員の知識）で説明された（$r^2=0.47$, $p<0.01$）。

最後に，Eマートの韓国都市店舗と中国都市店舗との違いは，まず来店客属性の相違をもたらし，それによってサービス品質に対する顧客満足とロイヤルティが異なるということが理解できた。とりわけ，各国の戦略的視点に立つと，まず韓国都市店舗に来店する客は，主としてEマート価値，多様な補償制度，レイアウト，試食コーナー，を一緒に提供することで満足度は一段と高まるといえるだろう。一方，中国都市店舗に来店する客は，主としてレイアウト，返品・払い戻し，EDLP，Eマート価値，を一緒に提供することで満足度は一層高まるといえよう。

以上のことから，本研究を通して，韓国のEマートは中国の消費者に対して標準化戦略だけではなく，適応化をも並行して展開した方が満足度を最大化することができるだろう。

注）

1) 本章のデータは，Eマートの主席部長盧・垠靜氏によって実施されたアンケート調査「割引店のサービス品質に関する設問調査」に基づいている。調査設計は，消費者の割引店利用パ

ターンを考慮して平日と週末，午前と午後を 4 ： 6 の割合で買い物後の顧客を対象に行われ，予備調査は，2007年12月10日から12月23日までに E マートソウル地域内の三つの代表店舗を対象に実施した。店舗選定基準は，物理的な施設の格差を排除するために2000年以降にオープンした9000㎡以上の店舗を選んだ。質問票調査は，サービス品質測定項目を中心に選定したうえ，追加的に 1 ヵ月に 1 回以上割引店を利用する消費者 5 名と E マート売場マネジャーを対象に項目抽出のための FGI（Focus Group Interview）を実施した。また，質問票が開発された後，流通産業関連専門家（5 名）と E マート利用者（5 名）に対し事前調査を行い，調査実行可能性と重要概念の測定可能性などを確認した。

2) 都市店舗は，加陽店：2000年，恩平店：2001年，明逸店：2002年，月渓店：2004年に開店しているので，一番近年の月渓店と明逸店という 2 店舗を選択した。

3) 上海市の都市店舗（2 店：瑞虹店，三林店）と郊外店舗（4 店：銀都店，牡丹江店，長江店，南橋店）に分類した。瑞虹店は虹口区に，三林店は浦東新区に，銀都店は閔行区に，牡丹江店は宝山区（県）に，長江店は宝山区（県）に，南橋店は奉賢区にあるため，瑞虹店と三林店を都市店舗として選択した。

主な参考文献

金成洙（2009）「グローバル・マーケティング」宮澤永光編著『現代マーケティング』ナカニシヤ出版，208-227頁。

金成洙（2010）「サービス・マーケティングとサービス品質に関する実証研究―韓国の E マートの事例研究―」『経営論集』（北海学園大学），第 7 巻第 4 号，63-82頁。

田口冬樹（2009）「韓国の流通：釜山における複合商業施設と物流施設の開発について」『専修大学社会科学研究所月報』，韓国実態調査特集号，8 月，116-128頁。

向山雅夫（1996）『ピュア・グローバルへの着地』，千倉書房，206頁。

山澤逸平（2001）『アジア太平洋経済入門』，東洋経済新報社，3 頁。

山本昭二（1999）『サービス・クォリティ―サービス品質の評価過程―』，千倉書房，95頁。

矢作敏行（2007）『小売国際化プロセス』有斐閣，331-339頁。

Anderson, E. W., C. Fornell and D. R. Lehmann (1994), "Customer Satisfaction, Market Share, and Profitability: Findings from Sweden," *Journal of Marketing*, No.58 (July), pp.53-66.

Anderson, E. W., C. Fornell and R. T. Rust (1997), "Customer Satisfaction, Productivity, and Profitability: Differences between Goods and Services," *Marketing Science*, Vol.16 No.2, pp.129-45.

Carman, J. M. (1990), "Consumer Perceptions of Service Quality: An Assessment of the SERVQUAL Dimensions," *Journal of Retailing*, Vol.66 No.1, pp.33-55.

Cronin Jr., J. J. and S. A. Taylor (1992), "Measuring Service Quality: A Reexamination and Extension," *Journal of Marketing*, Vol.56 No.7, pp.55-68.

Cronin Jr., J. J. and S. A. Taylor (1994), "SERVPERF versus SERVQUAL: Reconciling Performance-Based and Perceptions-Minus-Expectations Measurement of Service Quality," *Journal of Marketing*, Vol.58 No.1, pp.125-131.

Dabholkar, P. A., D. I. Thorpe and J. O. Rentz (1996), "A measure of Service Quality for

Retail Stores: Scale Development and Validation," *Journal of the Academy of Marketing Science*, Vol.24 No.1, pp.3-16.

Finn, D. W. and C. W. Lamb, Jr. (1991), "An Evaluation of the SERVQUAL Scales in a Retailing Setting," *In Advances in Consumer Research*, No.18, pp.483-490.

Ford, P. (1935), "Excessive competition in the Retail Trades Changes in the number of shop, 1901-1931," *The Economic Journal*, September, p.501.

Fornell, C. (1992), "A National Customer Satisfaction Barometer: The Swedish Experience," *Journal of Marketing*, No.56 (January), pp.6-21.

Headley, D. E. and S. J. Miller (1993), "Measuring Service Quality and Its Relationship to Future Consumer Behavior, " *Journal of Health Care Marketing*, Vol.13 No.4, pp.32-41.

Heskett, J. L., T. O. Jones, G. W. Loveman, W. E. Sasser Jr., and L. A. Schlesinger (2008), "Putting the Service-Profit Chain to Work," *Harvard Business Review*, (July-August), pp.118-129.

Kotler, P. and K. L. Keller (2012), *Marketing Management*, 14th ed., Prentice-Hall, pp.358-361.

Levitt, T. (1983), "The Globalization of Markets," *Harvard Business Review*, (May-June), pp.92-102.

Oliver, R. (1980), "A Cognitive Model of the Antecedents and Consequences of Satisfaction Decisions," *Journal of Marketing Research*, 17, pp. 460-469.

Parasuraman, A., V. A. Zeithaml and L. L. Berry (1985), "A Conceptual Model of Service Quality and Its Implications for Future Research," *Journal of Marketing*, Vol.49 No.4, pp.41-50.

Parasuraman, A., V. A. Zeithaml and L. L. Berry (1988), "SERVQUAL : A Multiple-Item Scale for Measuring Consumer Perceptions of Service Quality," *Journal of Retailing*, Vol.64 No.1, pp.12-40.

Reichheld, F. F. and W. E Sasser, Jr. (1990), "Zero Defections: Quality Comes to Services," *Harvard Business Review*, No.68 (September-October), pp.105-111.

Salmon, W. and A. Tordjman (1989), "The internationalization of Retailing," *International Journal of Retailing*, Vol.4 No.2, pp.3-16.

Spreng, R. A. and A. K. Singh (1993), "An Empirical Assessment of the SERVQUAL Scale and the Relationship Between Service Quality and Satisfaction," in Cravens D. W. and P. Dickson, *Enhancing Knowledge Development in Marketing*, American Marketing Association, pp.1-6.

Taylor, S. A. and J. J. Cronin Jr. (1994), "Modeling Patient Satisfaction and Service Quality," *Journal of Health Care Marketing*, Vol.14 No.1, pp.34-44.

■執筆者紹介（＊は編著者）

黒田重雄（くろだ　しげお）＊
北海道大学 名誉教授（現：北海学園大学 開発研究所特別研究員）
担当：第1章，第2章，第6章

金　成洙（きむ　そんす）＊
専修大学 経営学部教授
担当：第4章，第7章，第9章

加藤敏文（かとう　としふみ）
酪農学園大学 農食環境学群名誉教授
担当：第5章

遠藤　雄一（えんどう　ゆういち）
北海道情報大学　経営情報学部准教授
担当：第3章，第8章

■わかりやすい消費者行動論（しょうひしゃこうどうろん）

■発行日──2013年4月26日　初版発行　　〈検印省略〉
　　　　　2019年4月16日　初版5刷発行

■編著者──黒田重雄（くろだしげお）
　　　　　金　成洙（きむそんす）

■発行者──大矢栄一郎

■発行所──株式会社　白桃書房（はくとうしょぼう）
　　　　〒101-0021　東京都千代田区外神田5-1-15
　　　　☎03-3836-4781　📠03-3836-9570　振替00100-4-20192
　　　　http://www.hakutou.co.jp/

■印刷・製本──藤原印刷
© Shigeo Kuroda, Sungsu Kim 2013　Printed in Japan
ISBN 978-4-561-65203-8 C3063

本書のコピー，スキャン，デジタル化等の無断複製は著作権法上での例外を除き禁じられています。本書を代行業者等の第三者に依頼してスキャンやデジタル化することは，たとえ個人や家庭内の利用であっても著作権法上認められておりません。

JCOPY 〈(社)出版者著作権管理機構　委託出版物〉
本書の無断複写は著作権法上での例外を除き禁じられています。複写される場合は，そのつど事前に，(社)出版者著作権管理機構（電話03-5244-5088, FAX03-5244-5089,
e-mail : info@jcopy.co.jp）の許諾を得てください。
落丁本・乱丁本はおとりかえいたします。